Aufmerksamkeits-störungen

von

Walter Sturm

 Hogrefe

Göttingen · Bern · Toronto · Seattle · Oxford · Prag

Prof. Dr. Walter Sturm, geb. 1948. 1969-1974 Studium der Psychologie an der RWTH Aachen. Anschließend wissenschaftlicher Angestellter an der neurologischen Klinik der medizinischen Fakultät der RWTH Aachen. 1983 Promotion. 1995 Habilitation. Seit 1995 Leiter der „Sektion Klinische Neuropsychologie" an der neurologischen Klinik der medizinischen Fakultät der RWTH Aachen. 2000 Ernennung zum Professor der RWTH Aachen. Forschungsschwerpunkte: Neuropsychologische Diagnostik, Therapie von Aufmerksamkeitsstörungen, Funktionelle Reorganisation nach Aufmerksamkeitstherapie, funktionelle Bildgebung von Aufmerksamkeitsfunktionen.

Bibliografische Information Der Deutschen Bibliothek
Die Deutsche Bibliothek verzeichnet diese Publikation in der Deutschen Nationalbibliografie; detaillierte bibliografische Daten sind im Internet über <http://dnb.ddb.de> abrufbar.

© 2005 Hogrefe Verlag GmbH & Co. KG
Göttingen · Bern · Toronto · Seattle · Oxford · Prag
Rohnsweg 25, 37085 Göttingen

http://www.hogrefe.de
Aktuelle Informationen • Weitere Titel zum Thema • Ergänzende Materialien

Umschlagbild: © Bildagentur Mauritius GmbH
Satz: Grafik-Design Fischer, Weimar
Druck: Druckerei Kaestner GmbH & Co. KG, 37124 Göttingen
Printed in Germany
Auf säurefreiem Papier gedruckt

ISBN 3-8017-1749-6

Inhaltsverzeichnis

Vorwort und Danksagung

Aufmerksamkeitsfunktionen stellen Basisleistungen dar, die für nahezu jede praktische oder intellektuelle Tätigkeit erforderlich sind. Störungen der Aufmerksamkeitsfunktionen gehören nicht nur zu den häufigsten Funktionsstörungen nach Hirnschädigungen, sondern können sich auch in vielfältiger Weise manifestieren. Konzepte der allgemeinen und experimentellen Psychologie und der Neuropsychologie legen nahe, dass Aufmerksamkeitsprozesse nicht als einheitliche Funktion angesehen werden können. Läsionsstudien an hirngeschädigten Patienten haben gezeigt, dass diese Funktionen in Abhängigkeit von den beteiligten Hirnregionen oft spezifisch beeinträchtigt sind. Die moderne funktionelle Bildgebung hat es ermöglicht, die aus den klinischen Studien hervorgegangenen Befunde zu überprüfen und in noch vor wenigen Jahren kaum vorstellbarer Weise zu erweitern, so dass die an den verschiedenen Aufmerksamkeitsleistungen beteiligten Netzwerke inzwischen gut bekannt sind.

Die Kenntnis distinkter Aufmerksamkeitsfunktionen hat zu einer erheblichen Ausweitung diagnostischer und therapeutischer Möglichkeiten geführt, die neben den oben erwähnten Ergebnissen hier ausführlich dargestellt werden sollen. Insbesondere die diagnostischen und therapeutischen Ansätze wurden mit den Mitgliedern des Arbeitskreises „Aufmerksamkeit und Gedächtnis" der Gesellschaft für Neuropsychologie (GNP) über Jahre hinweg ausführlichst diskutiert. Ziel war es, verbindliche Mindestanforderungen für Diagnostik und Therapie von Aufmerksamkeitsstörungen zu erstellen. Diese Diskussionen haben mir insbesondere bei der Darstellung der relevanten diagnostischen Verfahren für die verschiedenen Aufmerksamkeitsbereiche sehr geholfen. Mein Dank gilt daher allen Mitgliedern und insbesondere den verschiedenen Sprechern dieses Arbeitskreises.

1 Beschreibung des Störungsbildes

Was ist Aufmerksamkeit? Kein Buch und keine Abhandlung über Aufmerksamkeit kommt an der klassischen Definition vorbei, die William James bereits 1890 (S. 416) gab und die hier im Originaltext wiedergegeben werden soll

> Everyone knows what attention is; it is the taking possession by the mind, in clear and vivid form, of one out of what seems several simultaneously possible objects or trains of thought. Focalization, concentration of consciousness are of its essence. It implies withdrawal from some things in order to deal better with others.

In dieser Definition wird der Selektivitätsaspekt (s. Kap. 1.1) von Aufmerksamkeit betont. In einer Metapher wird Aufmerksamkeit als ein „Scheinwerferlicht" betrachtet, welches die aktuell wichtigen Aspekte einer Situation, sei sie extern oder intern, hervorhebt und irrelevante Aspekte „im Dunkeln", d. h. unbeachtet lässt. Auch wichtige Aufmerksamkeitstheorien des letzten Jahrhunderts (z. B. Broadbent, 1958, 1971; Deutsch & Deutsch, 1963; Treisman, 1969) betrachten Aufmerksamkeit als Selektions„mechanismus", welcher durch eine begrenzte Informationsverarbeitungskapazität notwendig wird. In diesen Theorien bewirkt aufmerksamkeitsgesteuerte Selektion eine Abschwächung bestimmter Anteile des ständig auf uns einströmenden Informationsflusses anhand physikalischer Eigenschaften und auf der Reaktionsseite eine selektive Modulation der Reaktionsschwellen (z. B. durch aktive Inhibition von Reaktionen auf irrelevante Reize). Neuere Aufmerksamkeitstheorien unterscheiden zwischen automatischen und kontrollierten Verarbeitungsprozessen oder betonen die Zielgerichtetheit und kognitive Steuerung aufmerksamkeitsgeleiteter Handlungen. Aktuelle Taxonomien (s. u.) beziehen neben den Selektivitätsaspekten von Aufmerksamkeit auch „energetische" Aspekte mit ein. Wenn wir aufmerksam sind, ist dies mit einer willentlichen Anstrengung verbunden (im englischen „to pay attention"). Wir müssen ein bestimmtes Aktivierungsniveau bereitstellen und ggf. auch über eine längere Zeit aufrechterhalten können, um uns auf eine Aufgabe zu „konzentrieren", eine anstrengende Leistung durchzuhalten und dabei Wichtiges von Unwichtigem zu unterscheiden. Diese „Intensitätsaspekte" der Aufmerksamkeit (s. Kap. 1.1) stellen somit die Grundvoraussetzung für komplexere kognitiv gesteuerte Aufmerksamkeitsprozesse dar.

Selektive Aufmerksamkeit: Scheinwerferlicht zur selektiven „Beleuchtung" wichtiger Informationen

Aufmerksamkeitsleistungen sind eine wichtige Voraussetzung für die Bewältigung täglicher Anforderungen. Überall dort, wo wir es nicht mit hoch überlernten Routinehandlungen zu tun haben, ist Aufmerksamkeitszuwendung und kontinuierliche Kontrolle unseres Handelns erforderlich. Aufmerksamkeitsfunktionen stellen keine alleinstehende Leistung dar, sondern sind an vielfältigen Prozessen der Wahrnehmung, des Gedächtnisses,

Aufmerksamkeit als „Basisfunktion" für nahezu jede praktische und intellektuelle Tätigkeit

1

des Planens und Handelns, an der Sprachproduktion und -rezeption, an der Orientierung im Raum und an der Problemlösung beteiligt. Insofern stellen Aufmerksamkeitsfunktionen Basisleistungen dar, die für nahezu jede praktische oder intellektuelle Tätigkeit erforderlich sind.

Wenn wir unaufmerksam, „unkonzentriert" sind, entgeht uns eine Vielzahl von Dingen, die sich um uns ereignen, wir schweifen ab, wir lassen uns von einer Aufgabe ablenken und erinnern uns anschließend nicht an Einzelheiten. Der „verlegte Schlüsselbund" ist in der Regel kein Gedächtnis-, sondern ein Aufmerksamkeitsproblem, weil wir meist schon im Augenblick des hochautomatisierten Akts der „Schlüsselablage" unsere Aufmerksamkeit auf andere externe oder interne Reize gerichtet haben und so eine Gedächtnisabspeicherung des Ereignisses verhindert wurde. Praktische Tätigkeiten dauern länger als gewöhnlich und es unterlaufen uns Fehler. Einschränkungen der Aufmerksamkeitsfunktionen z. B. nach Hirnschädigungen haben daher weitreichende Folgen in Bezug auf nahezu jeden Lebensbereich. Dadurch kommt ihnen im Rahmen der neuropsychologischen Rehabilitation eine besondere Bedeutung zu. Dies umso mehr, als Störungen der Aufmerksamkeit neben den Störungen des Gedächtnisses zu den häufigsten Folgen von Hirnschädigungen unterschiedlichster Ätiologie gehören. Für Fragen der Möglichkeiten zur Wiedereingliederung in Alltag und Beruf kommt der Beurteilung der Aufmerksamkeitsleistungen eine zentrale Bedeutung zu. Doch auch die Fragen der neuropsychologischen Rehabilitation sind davon unmittelbar betroffen, wo jede rehabilitative Maßnahme in der Regel auch entsprechende Aufmerksamkeitsleistungen voraussetzt. Schwere Aufmerksamkeitsstörungen, welche nicht adäquat behandelt werden, können sich auch negativ auf den gesamten Rehabilitationserfolg auswirken: „Es ist ganz offensichtlich, dass sie [die Aufmerksamkeitsstörungen] die Rehabilitationsbemühungen erheblich beeinträchtigen können, selbst wenn die Motivation, das Denken und die Urteilsfähigkeit sowie die Gedächtnisfunktionen relativ unbeeinträchtigt sind." (Lezak, 1987, S. 44). Robertson et al. (1995, 1997) konnten belegen, dass die Erholung von einem Halbseitenneglect und sogar die Rückbildung motorischer Störungen durch Aufmerksamkeitsstörungen des Patienten beeinflusst werden.

Aufmerksamkeitsstörungen beeinflussen Rehabilitationserfolg negativ

1.1 Bezeichnung und Definition der Funktion und zugehöriger Störungen

1.1.1 Definition der Funktion und Versuch einer Taxonomie

Konzepte der allgemeinen und experimentellen Psychologie und der Neuropsychologie legen nahe, dass Aufmerksamkeitsprozesse nicht als einheitliche Funktion angesehen werden können. Ein neueres Modell, das ver-

2

sucht, die verschiedenen Komponenten zusammenzufassen, wurde von van Zomeren und Brouwer (1994) vorgeschlagen.

Zu den zentralen Aspekten gehört nach diesem Modell zunächst die Unterscheidung von *Intensitäts-* und *Selektivitätsaspekten* der Aufmerksamkeit, die jeweils in spezifischere Komponenten zu differenzieren sind. Der Intensitätsaspekt der Aufmerksamkeit umfasst die Komponenten *Alertness* und *Vigilanz*, basale Prozesse der kurzfristigen und der längerfristigen Aufmerksamkeitsaktivierung bzw. der Aufrechterhaltung einer solchen Aktivierung.

Unter dem Aspekt der *Selektivität* der Aufmerksamkeitsprozesse unterscheidet das Modell von van Zomeren und Brouwer zwischen den Aspekten von *fokussierter* bzw. *selektiver* Aufmerksamkeit und *geteilter* Aufmerksamkeit.

In einer Erweiterung des Modells von Van Zomeren und Brouwer erstellte Sturm (1996) eine Taxonomie, in der den verschiedenen Aufmerksamkeitsaspekten typische Untersuchungsparadigmen zugeordnet werden (s. Tabelle 1). Auf diesen Paradigmen basieren auch die meisten diagnostischen Untersuchungsverfahren für die verschiedenen Aufmerksamkeitsbereiche (s. Kap. 4).

Tabelle 1:
Aufmerksamkeitsdimensionen und -bereiche und zugeordnete Paradigmen.

Dimension	Bereich	Paradigma
Intensität	Aufmerksamkeits-aktivierung (Alertness) (intrinsisch, tonisch und phasisch)	Einfache visuelle oder auditive Reaktionsaufgaben *ohne* (intrinsische Kontrolle des Aktivierungsniveaus, tonischer Verlauf des A.niveaus) oder *mit Warnreiz* (phasische A.aktivierung)
	Daueraufmerksamkeit	Langandauernde Signalentdeckungs-Aufgaben, *hoher* Anteil relevanter Stimuli
	Vigilanz	Langandauernde monotone Signalentdeckungs-Aufgaben, *niedriger* Anteil relevanter Stimuli
Selektivität	Selektive oder fokussierte Aufmerksamkeit	Wahlreaktionsaufgaben, Aufgaben mit Störreizen zwecks Distraktion
	Visuell-räumliche selektive Aufmerksamkeit, Wechsel des Aufmerksamkeitsfokus	Aufgaben, welche den Wechsel der Aufmerksamkeit von einem räumlichen Fokus zum nächsten verlangen
	Geteilte Aufmerksamkeit	Aufgaben, welche eine Verteilung der Aufmerksamkeit auf mehrere „Informationskanäle" erfordern (z. B. „Dual task"-Aufgaben); Aufgaben zur Erfassung der „kognitiven Flexibilität"

Definition von Aufmerksamkeitsfunktionen

Alertness (Aufmerksamkeitsaktivierung)

Das Konzept der „Alertness" schließt einerseits den Zustand der allgemeinen Wachheit (intrinsische bzw. tonische Alertness), der z. B. im Tagesablauf eine charakteristische Variabilität zeigt, und andererseits die Fähigkeit, das allgemeine Aufmerksamkeitsniveau nach einem Warnreiz kurzfristig zu steigern (phasische Alertness), ein.

Daueraufmerksamkeit und Vigilanz

Unter *Daueraufmerksamkeit* oder *Vigilanz* wird die Fähigkeit verstanden, die Aufmerksamkeit unter Einsatz mentaler Anstrengung („mental effort") auch über einen längeren Zeitraum hinweg aufrechtzuerhalten. Der Unterschied zwischen „Daueraufmerksamkeit" und „Vigilanz" wird in der Reizbedingung gesehen, indem unter Vigilanz die Aufrechterhaltung des Aufmerksamkeitsniveaus unter extrem monotonen Bedingungen mit einer sehr geringen Frequenz der kritischen Signale verstanden wird (z. B. Radarbeobachtung, nächtliche Autobahnfahrt, Kontrolltätigkeit am Fließband). Der Begriff der Daueraufmerksamkeit ist hingegen allgemeiner und umfasst alle Situationen, die unter relativ hoher Reizdichte eine längere Aufmerksamkeitszuwendung verlangen, einschließlich Leistungen mit einer größeren kognitiven Beanspruchung. Vigilanzbedingungen stellen an die kognitive, interne Kontrolle der langandauernden Aufrechterhaltung eines ausreichenden Niveaus der Aufmerksamkeitsintensität auf Grund mangelnder externer Stimulation wesentlich höhere Anforderungen als Situationen, in denen Daueraufmerksamkeit bei hoher Reizdichte gefordert ist.

Selektive oder fokussierte Aufmerksamkeit

Die selektive oder fokussierte Aufmerksamkeit stellt die Fähigkeit dar, einen spezifischen Realitätsausschnitt zu isolieren, um ihn einer differenzierteren Analyse zu unterziehen. Dabei ist es erforderlich, den Fokus auch unter ablenkenden Bedingungen aufrechtzuerhalten und Interferenz durch parallel ablaufende, automatische Verarbeitungsprozesse zu unterdrücken.

Visuell-räumliche selektive Aufmerksamkeit, Wechsel des Aufmerksamkeitsfokus

Offene bzw. verdeckte räumliche Verschiebung des Aufmerksamkeitsfokus: Bei der „Orientierungsreaktion" kommt es neben einer generellen

Aktivierungstonusanhebung zu einer Ausrichtung der sensorischen Rezeptoren auf die Reizquelle, z. B. durch Kopf- oder Augendrehung.

Die verdeckte Aufmerksamkeitsverschiebung findet bei der Orientierung zu neuen räumlichen Zielreizen zeitlich vor den Kopf- oder Augenbewegungen statt. Zum räumlichen Verschieben des Aufmerksamkeitsfokus sind drei Prozesse notwendig sind: Lösung (disengage) vom aktuellen Stimulus, Verschieben (shift) des Aufmerksamkeitsfokus und Fixierung (engage) beim neuen Stimulus.

Geteilte oder verteilte Aufmerksamkeit

Eine Teilung oder Verteilung der Aufmerksamkeit ist bei der simultanen Bearbeitung von mehreren Aufgaben erforderlich. Das Konzept der geteilten Aufmerksamkeit ist eng mit der Vorstellung einer beschränkten Aufmerksamkeitskapazität gekoppelt. Eine Einschränkung der Aufmerksamkeitskapazität manifestiert sich in einem *„divided attention deficit"*.

1.1.2 Störungsbilder

Klinisch sind die im vorigen Kapitel beschriebenen Aspekte der Aufmerksamkeit von unmittelbarer praktischer Bedeutung. Störungen der intrinsischen und ggf. auch der phasischen Alertness sind z. B. dann anzunehmen, wenn ein Patient im Akutzustand nur erschwert ansprechbar ist und Anzeichen zeitlicher, örtlicher und auf die eigene Person bezogener Desorientierung zeigt. Zu den markanten Veränderungen nach Hirnschädigungen unterschiedlichster Ätiologie gehört auch eine häufig beobachtete allgemeine Verlangsamung. Ob eine solche allgemeine Verlangsamung als eine Störung der Alertnesskontrolle zu interpretieren ist, ist im Moment offen. Sie ist allerdings unbedingt von der spezifischen Verlangsamung zu unterscheiden, die bei Patienten in defizitären kognitiven oder motorischen Leistungsbereichen zu beobachten ist. Patienten mit Alertness-Problemen klagen zudem oft über erhöhte Ermüdbarkeit und verringerte Belastbarkeit.

Erhöhte Ermüdbarkeit und verringerte Belastbarkeit als Folge eingeschränkter Aufmerksamkeitsaktivierung

Eine längerfristige Aufmerksamkeitszuwendung ist für den Patienten in vielen Fällen ein zentrales Problem, da sie einerseits eine Funktion mit hoher Vulnerabilität darstellt und ihr andererseits eine große Bedeutung bei vielen alltagspraktischen Tätigkeiten zukommt. Auch Patienten mit Daueraufmerksamkeits-Problemen ermüden rasch bei jeder intellektuellen oder praktischen Tätigkeit und müssen daher viele Pausen einlegen. Eine längere Arbeitstätigkeit ist vielen Patienten oft gar nicht mehr möglich. Vigilanzsituationen im engeren Sinn sind hingegen unter Alltagsbedingungen eher die Ausnahme. Zu typischen Vigilanzleistungen zählen z. B.

5

die Beobachtung eines Radarbildschirms, Qualitätskontrollen am Fließband oder Nachtfahrten auf einer Autobahn mit geringer Verkehrsdichte.

Probleme infolge erhöhter Ablenkbarkeit

Die fokussierte Aufmerksamkeit stellt die Fähigkeit dar, einen spezifischen Realitätsausschnitt zu isolieren, um ihn einer differenzierteren Analyse zu unterziehen. Dabei ist es erforderlich, den Fokus auch unter ablenkenden Bedingungen aufrechtzuerhalten und die Interferenz durch parallel ablaufende, automatische Verarbeitungsprozesse zu unterdrücken. Eine erhöhte Ablenkbarkeit ist bei vielen Patienten, besonders häufig jedoch nach frontalen Läsionen zu beobachten. Insbesondere sind Situationen, in denen viele Ereignisse gleichzeitig ablaufen, eine schwere Belastung für den Patienten. Bei manchen von ihnen scheint jeder neu auftauchende Reiz eine Orientierungsreaktion auszulösen und somit die momentan ausgeführte Aktivität zu unterbrechen. In seiner ausgeprägtesten Form kommt es zu einer extremen Abhängigkeit von allen Reizen der Umwelt („environmental dependency syndrome"; Lhermitte, 1986).

Probleme, mehrere Dinge gleichzeitig zu verarbeiten

Ein zentraler Aspekt in der Diskussion des Aufmerksamkeitskonzepts ist die Vorstellung einer *beschränkten Kapazität*. Dieses Konzept einer beschränkten Aufmerksamkeitskapazität hat einen klaren Bezug zu dem klinisch relevanten Aspekt der geteilten Aufmerksamkeit. Viele Patienten klagen gerade über die Schwierigkeiten, die ihnen Situationen bereiten, in denen mehrere Aspekte gleichzeitig zu beachten sind oder mehrere Dinge gleichzeitig von ihnen verlangt werden. Eine reduzierte Aufmerksamkeitskapazität erhält dadurch noch eine zusätzliche Bedeutung, dass ein Patient u. U. Leistungen, die er früher automatisch ausführen konnte, wie Gehen oder Sprechen, nur noch kontrolliert, d. h. unter erhöhten Aufmerksamkeitsanforderungen ausführen kann. Eine reduzierte Aufmerksamkeitskapazität beschränkt somit auch seine Möglichkeiten zur Kompensation eines Defizits.

Aufmerksamkeit ist motivationsabhängig

In der bisherigen Darstellung wurden Aufmerksamkeitsfunktionen weitgehend als kognitive Leistungen herausgestellt. Es darf jedoch nicht übersehen werden, dass die Fokussierung der Aufmerksamkeit, solange sie unter der Kontrolle des Individuums steht, durch dessen Bedürfnisse bzw. durch die von ihm als relevant erlebten Realitätsausschnitte gesteuert wird. Die Fokussierung der Aufmerksamkeit stellt in der Regel ein motiviertes Verhalten dar. Pribram (1973) spricht von „flexible noticing order", mit der das Individuum die relevanten Ausschnitte seiner Umwelt auswählt.

1.2 Epidemiologische Daten

Aufmerksamkeitsstörungen nach Hirnschädigung sind sehr häufig

Störungen der Aufmerksamkeitsfunktionen gehören nicht nur zu den häufigsten Funktionsstörungen nach Hirnschädigungen, sondern können sich auch in vielfältiger Weise manifestieren. Fast alle Untersuchungen zur Frequenz von Aufmerksamkeitsstörungen beziehen sich allerdings auf Patienten

6

mit traumatischen Hirnschädigungen. Befragungen von Patienten zeigen die Häufigkeit erlebter Beeinträchtigungen nach traumatischen Hirnverletzungen (van Zomeren, 1981; van Zomeren und van den Burg, 1985; McLean et al., 1983). Die Ergebnisse dieser Befragungen sind zusammenfassend in Tabelle 2 dargestellt.

Die Untersuchung von van Zomeren und Kollegen (van Zomeren, 1981; van Zomeren & van den Burg, 1985) bei Patienten mit schweren Schädelhirntraumen zeigt, dass mehr als die Hälfte dieser Patienten über eine verminderte Gedächtnisleistung klagt und ein erheblicher Anteil über Beeinträchtigungen, die einer Störung von Aufmerksamkeitsfunktionen zuzurechnen sind (Konzentrationsstörungen, Benommenheit, rasche Ermüdbarkeit, gesteigertes Schlafbedürfnis, Verlangsamung, Antriebslosigkeit, Intoleranz gegenüber Geräuschen). Diese Beschwerden waren auch nach 2 Jahren fast im gleichen Umfang zu beobachten (van Zomeren & van den Burg, 1985). Nur 9 von 57 Patienten (16 %) waren nach diesen 2 Jahren beschwerdefrei.

Tabelle 2:
Häufigkeiten subjektiv erlebter Beeinträchtigungen (aufmerksamkeitsbezogene Beschwerden sind hervorgehoben) bei Patienten nach schwerem Schädelhirntrauma (SHT), kurz nach dem schädigenden Ereignis (1) (van Zomeren, 1981: 62 Patienten) und nach zwei Jahren (2) (van Zomeren & van den Burg, 1985: 57 Patienten), sowie nach leichtem SHT (3) (McLean et al., 1983: 20 Patienten).

	(1)	(2)	(3)
Gedächtnis-Probleme	49 %	54 %	40 %
Ermüdbarkeit	41 %	30 %	65 %
Gesteigertes Schlafbedürfnis	39 %	25 %	
Irritierbarkeit	36 %	39 %	35 %
Langsamkeit	34 %	33 %	
Aufmerksamkeitsprobleme	31 %	33 %	45 %
Ängste	31 %	18 %	35 %
Intoleranz gegenüber Aufregung	30 %	19 %	
Benommenheit	27 %	26 %	35 %
Intoleranz gegenüber Geräuschen	26 %	23 %	30 %
Kopfschmerzen	25 %	23 %	35 %
Antriebslosigkeit	25 %	23 %	

Die Untersuchung von McLean et al. (1983) zeigte, dass die Beschwerden keinen direkten Zusammenhang mit dem Schweregrad der Schädigung haben. Bei dieser Befragung klagten Patienten mit leichten bis mittelschweren Traumen einen Monat nach dem schädigenden Ereignis mit einer vergleichbaren Häufigkeit über die gleichen Beschwerden wie Patienten mit schweren Schädelhirntraumen. Wie gezeigt wurde, können solche Beschwerden u. U. über Monate andauern.

Natürlich handelt es sich bei den zitierten Befragungen um subjektive Angaben, doch konnte in mehreren Untersuchungen anhand von konkreten Testleistungen das Vorliegen solcher Beschwerden bestätigt werden. In einer älteren Untersuchung von Dencker und Löfving (1958) an Zwillingspaaren, von denen je ein Zwilling Jahre zuvor (im Mittel 10 Jahre, mindestens 3 Jahre) eine Hirnverletzung erlitten hatte, zeigte sich eindeutig, dass auch noch nach Jahren Defizite festzustellen sind. Das Ausmaß der Beeinträchtigung stand auch nach den Ergebnissen dieser Untersuchung in keinem direkten Verhältnis zu der Schwere des Traumas.

Die Beobachtung, dass Störungen der Aufmerksamkeitsleistungen in keinem direkten Verhältnis zu den Indikatoren des Schweregrads eines Hirntraumas stehen, ist von großer klinischen Relevanz, verweist es doch auf die dringende Notwendigkeit einer sorgfältigen diagnostischen Untersuchung auch bei banal erscheinenden Hirntraumen (s. Kap. 2.2). Ein besonderes Problem ergibt sich aus der Tatsache, dass solche Einschränkungen für Außenstehende nicht unmittelbar erkennbar sind. Für den Patienten hat das zur Folge, dass er sich, insbesondere wenn bei leichteren Unfällen keine anderen Unfallfolgen erkennbar sind, dem Vorwurf von Aggravation oder gar Simulation ausgesetzt sieht. Durch diese fehlende Anerkennung tatsächlich bestehender Schwierigkeiten durch das soziale Umfeld stehen diese Patienten unter einer zusätzlichen psychischen Belastung, welche u. U. zu einer Depression und somit zu einer weiteren Einschränkung von Aufmerksamkeitsleistungen führen kann. Aber auch aus dem Bestreben, die Unfallfolgen zu überwinden, versucht der Patient häufig die entsprechenden Leistungsminderungen durch eine erhöhte Anstrengung zu kompensieren. Zwar gibt es mittlerweile eine Vielzahl von Studien und standardisierte Verfahren zur Erfassung von Bewältigungsstilen bei chronischen körperlichen Erkrankungen, aber nur eine kleine Anzahl an empirischen Studien hat sich mit der Krankheitsverarbeitung nach einer Hirnschädigung beschäftigt.

Coping-Problem In einer neueren Studie konnten Malia, Powell und Torode (1995) zeigen, dass in einer Stichprobe von 74 hirngeschädigten Patienten sechs Monate bis 2 1/2 Jahre nach dem Ereignis „emotionsfokussiertes" Coping (wie z. B. Hoffen, dass ein Wunder geschieht; Versuch, alles zu vergessen; Versuch, so zu tun, als sei nichts geschehen, Vermeidung und Wunschdenken) signifikant mit einer schlechteren kurz- und längerfristigen psychosozialen Anpassung korrelierte. Aus dem kontinuierlichen kompensatorischen Bemühen kann sich eine allgemeine Überlastungssituation für den Patienten entwickeln, die sich u. U. auch in vegetativen Störungen manifestiert.

Die beschriebenen kompensatorischen Prozesse sind insofern auch testdiagnostisch relevant, als sich ein Patient in seinen Testleistungen u. U. besser darstellt, als es seinem tatsächlichen Leistungsniveau entspricht,

8

weil er sich in der Testsituation kurzfristig extrem anstrengt, bei längerfristiger Belastung aber u. U. deutliche Defizite zeigen würde.

Auf der anderen Seite sind sich die Patienten der Ursachen ihrer Beschwerden oft nicht bewusst, denn vielfach ist ein Widerspruch zwischen den subjektiv erlebten Defiziten und den objektiven Messungen festzustellen, und
dies sowohl in Richtung auf eine Aggravation der Beschwerden als auch
auf eine Leugnung oder falsche Attribuierung tatsächlich existierender Probleme. So zeigte sich bei einer multizentrischen Studie zum Zusammenhang zwischen subjektiven Leistungsstörungen und objektiven Leistungs-
maßen (Leclercq et al., 2002) bei Patienten nach Schädelhirntraumen keine
einzige signifikante Korrelation zwischen Selbsteinschätzung und Testergebnissen. Bei Patienten nach Schlaganfall war immerhin noch die Hälfte
aller Korrelationen signifikant. Diese Diskrepanz zwischen subjektiv erlebter Beeinträchtigung und testdiagnostisch erfasster Leistungsminderung kann
– neben den erwähnten kompensatorischen Bemühungen – vielfältige Ursachen haben: So können psychodynamische Prozesse der Krankheitsbewältigung ebenso eine Rolle spielen, wie schädigungsbedingte Leugnungs-
tendenzen (Anosognosie) oder primär durch die Läsion verursachte bzw.
reaktive emotional-affektive Veränderungen.

Diskrepanz
zwischen
subjektiver und
objektiver Be-
einträchtigung

1.3   Verlauf und Prognose

Zum Verlauf von Aufmerksamkeitsstörungen nach Hirnschädigung gibt es
nur wenige Studien und alle beziehen sich wiederum ausschließlich auf
Patienten mit Schädel-Hirn-Trauma. In der bereits in Kap. 1.2 erwähnten
Studie von van Zomeren und van den Burg (1985) klagten nach zwei Jahren
noch genauso viele Patienten nach schwerem Schädel-Hirn-Trauma (33 %)
über Aufmerksamkeitsprobleme wie kurz nach dem Trauma (31 %). In einer
Untersuchung von Oddy und Mitarbeitern (1985) an einer vergleichbaren
Patientengruppe waren es nach sieben Jahren sogar noch 46 % der befrag-
ten Patienten.

Nach SHT
auch nach
Jahren noch
nachweisbare
Aufmerksam-
keitsstörungen

Minimale traumatische Hirnschädigungen (MTH, s. a. Kap. 2.2.1) werden
auch mit dem Begriff „Gehirnerschütterung" (Commotio cerebri, engl.
Concussion) beschrieben. Während in früheren Studien (z. B. Gronwall &
Sampson, 1974; Gronwall & Wrightson, 1974; Van Zomeren & Deelman,
1978) auch nach zwei Jahren bei dieser Patientengruppe noch leichte Beeinträchtigungen insbesondere komplexerer Aufmerksamkeitsleistungen
berichtet wurden (die nach Ansicht der Autoren auf Verletzungen des Hirnstamms, insbesondere bei Patienten mit initialer Bewusstlosigkeit zurück-
zuführen waren), sind nach neueren Ergebnissen neuropsychologische
Funktionsstörungen bei MTH nach einem Jahr äußerst unwahrscheinlich
(Dikman et al., 1995). Die Basisrate für das Auftreten langfristiger Funktionsstörungen nach einem Jahr beträgt lediglich 1.9–5.8 % (Alves et al.,

Bei minimalem
Trauma keine
Langzeitfolgen

1993; Nemeth, 1996; Dikman et al., 1995; Larrabee, 1997). Eine prospektive Studie an 2 300 Football-Spielern, von denen 183 während des Spiels leichte Kopfverletzungen erlitten, zeigte im Vergleich zum Leistungsniveau vor dem Spiel und mit einer Kontrollgruppe nach 24 Stunden Leistungsbeeinträchtigungen bei verschiedenen Aufmerksamkeitstests (PASAT, Zahlen-Symbol-Test, Trail-Making-Test) sowie bei einer Symptom-Checkliste. Bei den meisten Spielern besserten sich die Symptome aber bereits nach 5 Tagen und waren nach 10 Tagen in der Regel völlig verschwunden (Macciocchi et al., 1996). Frühere Studien haben allerdings gezeigt, dass wiederholte leichte traumatische Hirnschädigungen einen kumulativen Effekt auch bei solchen Patienten haben können, deren Symptome sich nach dem ersten Ereignis rasch zurückbildeten (Gronwall & Wrightson, 1975). Dieser Effekt ist bereits seit längerem z. B. auch für Boxer bekannt, die zum wiederholten Male „knockout" gingen (Unterharnscheidt, 1975).

Zum Verlauf von Aufmerksamkeitsstörungen nach HWS-Beschleunigungsverletzung s. Kap. 2.2.2.

2 Ätiologie und Läsionslokalisation

Aufmerksamkeitsstörungen können bei nahezu allen neurologischen Erkrankungen auftreten, die das zentrale Nervensystem betreffen. Je nachdem, ob diese Erkrankungen zu eher umschriebenen, lokalisierten Schädigungen des Gehirns führen (wie z. B. ein Schlaganfall) oder zu eher diffusen Beeinträchtigungen (wie Schädelhirntraumen oder degenerative Erkrankungen), können die Funktionsstörungen im Aufmerksamkeitsbereich eher spezifisch und ggf. nur eine einzige Aufmerksamkeitsfunktion betreffend oder global sein. Im folgenden werden Aufmerksamkeitsstörungen bei den drei häufigsten ätiologischen Gruppen, nämlich bei zerebrovaskulären Erkrankungen, Schädel-Hirn-Trauma (incl. „HWS-Schleudertrauma") und neurodegenerativen Erkrankungen dargestellt.

2.1 Zerebrovaskuläre Erkrankungen

Nach Läsionen im Hirnstammanteil der Formatio reticularis (Mesulam, 1985) und nach Schlaganfällen insbesondere im Bereich der mittleren Hirnarterie (A. cerebri media) der rechten Hirnhemisphäre können sowohl Störungen der *Aufmerksamkeitsaktivierung* als auch der *Vigilanz* und der *längerfristigen Aufmerksamkeitszuwendung* auftreten (Howes & Boller, 1975; Ladavas, 1987; Posner et al., 1987; Sturm & Büssing, 1986).

Untersuchungen von Aufmerksamkeitsleistungen an Gesunden (Dimond & Beaumont, 1973) und bei Split-Brain-Patienten (Dimond, 1979) haben übereinstimmend Hinweise darauf ergeben, dass die rechte Hemisphäre für die Aufrechterhaltung der Aufmerksamkeit und für die Kontrolle des Aktivierungsniveaus bei Reaktionen auf Stimuli in beiden Raumhälften eine besondere Rolle spielt (Heilman & van den Abell, 1979, 1980; Sturm et al., 1989), während die linke Hemisphäre starke Fluktuationen der Aufmerksamkeit aufweist und auch lediglich in dem für sie spezifischen „Aufmerksamkeitsraum" in der rechten Raumhälfte aktiv wird. Diese Dominanz der rechten Hemisphäre für die Aufmerksamkeitsaufrechterhaltung sowohl in der kontralateralen als auch in der ipsilateralen Raumhälfte könnte auch den wesentlich häufiger und persistierender nach rechtshemisphärischen Schädigungen zu beobachtenden *Neglect* für die kontralaterale Raumhälfte erklären (Abbildung 1, s. a. Kap. 4.1.6). Die kritischen Läsionen liegen im parieto-occipito-temporalen Übergangsbereich, d. h. in der Region, wo Hinterhaupts-, Schläfen- und Scheitellappen zusammentreffen.

Störung der Aufmerksamkeitsintensität nach rechtsseitigem Schlaganfall und bei Hirnstamminfarkt

Patienten mit einem Halbseitenneglect verhalten sich so, als ob eine Seite des Außenraums nicht vorhanden wäre oder sie sich zumindest nicht mehr dafür interessieren würden.

Die Beobachtung, dass bei der funktionellen Bildgebung sowohl bei Alertness- als auch bei Vigilanzstudien (s. Kap. 3.1.3 u. 3.1.4) zusätzlich zu frontalen und subkortikalen Aktivierungen auch eine Beteiligung des inferioren Parietalkortex zu beobachten ist, obgleich die Aufgaben explizit keine räumliche Verschiebung der Aufmerksamkeit verlangen, stützen die von Posner und Petersen (1990) sowie Fernandez-Duque und Posner (1997) aufgestellte Hypothese, dass über das Aufmerksamkeitsaktivierungsnetzwerk auch die für die räumliche Ausrichtung der Aufmerksamkeit relevanten posterioren, insbesondere im parietalen Bereich lokalisierten Aufmerksamkeitssysteme mitaktiviert werden. Nach der in Abbildung 1 dargestellten Modellvorstellung wäre ein Neglect nach Schädigungen der linken Hemisphäre unwahrscheinlich, da die rechte Hemisphäre sowohl die Aufmerksamkeitsaufrechterhaltung als auch die räumliche Ausrichtung der Aufmerksamkeit für die rechte Raumhälfte mit übernehmen würde. Tatsächlich sind aber auch kurz nach einem Schlaganfall der linken Hirnhälfte häufig Neglectsymptome nach rechts zu beobachten. Aus den o. g. Gründen verschwinden diese jedoch meist nach wenigen Stunden oder Tagen. Im Gegensatz dazu führen rechtshemisphärische Läsionen zum oft wesentlich länger andauernden unilateralen Neglect nach links, da die noch intakte linke Hemisphäre für die ipsilaterale Raumhälfte die Aufmerksamkeitsaktivierung nicht übernehmen kann.

Neglect nach parietalen Läsionen

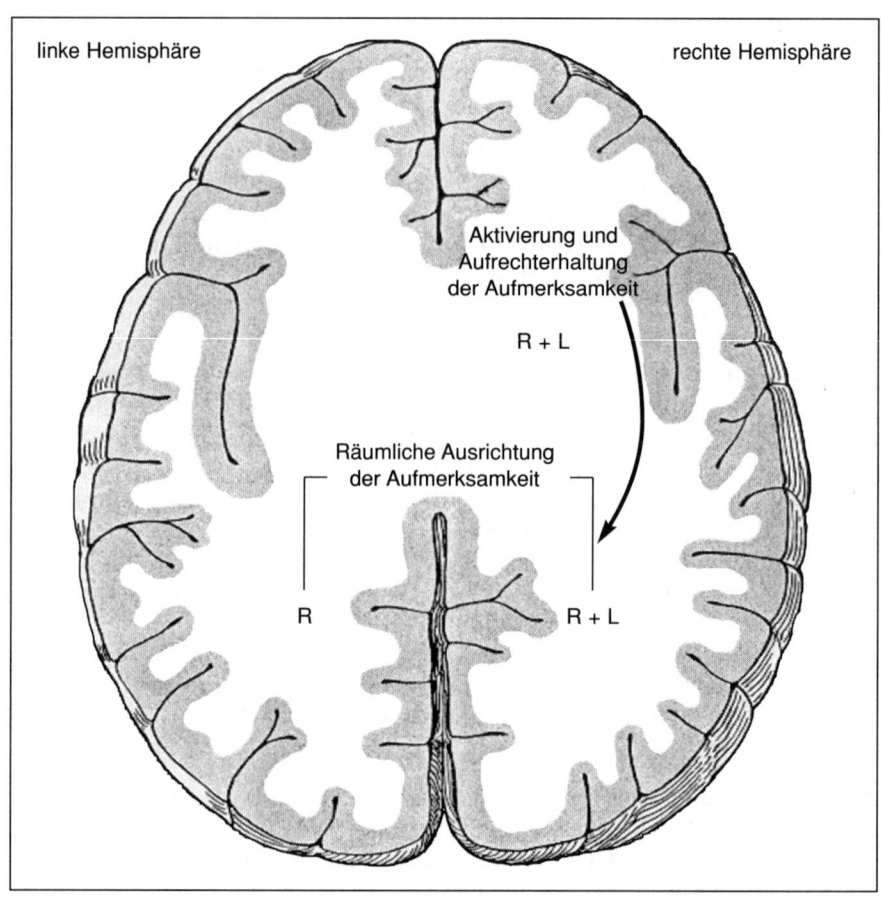

Abbildung 1:
Ein Modell zur Dominanz der rechten Hirnhälfte bei der Ausrichtung und Aufrechterhaltung der Aufmerksamkeit (aus: Sturm, 2002, nach Mesulam, 1985).

Nach Stuss & Benson (1984, 1986) ist für Aufmerksamkeitsprozesse ein Netzwerk aus dem retikulären System des Hirnstamms, dem diffusen thalamischen Projektionssystem und dem fronto-thalamischen „Gating-System" notwendig. Während das retikuläre System die intrinsische und tonische Aufmerksamkeitsaktivierung (s. o.) bereitstellt, ist das frontothalamische „Gating-System" für die selektive und gerichtete Zuordnung dieser Aufmerksamkeitsaktivierung relevant. Läsionen dieses Systems führen zu einer eingeschränkten Selektivität für externe Stimuli und zu erhöhter Ablenkbarkeit.

Läsionen insbesondere frontaler Anteile der linken Hirnhälfte ziehen ebenfalls Beeinträchtigungen der *Aufmerksamkeits-Selektivität* speziell in Situationen, in denen schnelle Entscheidungen zwischen relevanten und irrelevanten Aspekten einer Aufgabe getroffen werden müssen, nach sich (Dee & van Allen, 1973; Sturm & Büssing, 1986). Es kommt dann z. B. bei Wahlreaktionsaufgaben zu verlängerten Reaktionszeiten und zu erhöhten Fehlerzahlen.

Selektivitätsproblem nach linkshemisphärischen Läsionen

Die drei Stufen der *räumlichen Verschiebung des visuellen Aufmerksamkeitsfokus* (s. Kap. 1.1.1 und 3.2.2.1) können ebenfalls selektiv durch lokalisierte Hirnschädigungen beeinträchtigt werden. Schädigungen des posterioren Parietallappens scheinen insbesondere zu Störungen des Lösens (disengage) der Aufmerksamkeit von einem Reiz zu führen, wenn die Aufmerksamkeit zu einem Zielreiz in der Raumhälfte gegenüber der Läsionsseite verschoben werden soll (Posner et al., 1984). Läsionen im Culliculus superior im Mittelhirn oder in benachbarten Gebieten beeinträchtigen die Verschiebung der Aufmerksamkeit (shift of attention) zum neuen Zielreiz, wohingegen Patienten mit thalamischen Läsionen (insbesondere im Pulvinar und posterior-lateralen Thalamus) Probleme haben, den Aufmerksamkeitsfokus auf der kontralateral zur Läsion gelegenen Seite zu fixieren (engage) und Ablenkungen durch irrelevante Ereignisse an anderen räumlichen Positionen zu widerstehen.

Frontale Läsionen und Probleme mit der Aufmerksamkeits-(ver)teilung

Patienten mit Aneurysma-Rupturen der Arteria communicans anterior und daraus resultierenden oft bilateralen frontalen Hirnblutungen (Rousseaux et al., 1996) oder nach beidseitigen frontalen Schlaganfällen zeigen oft Störungen der Fähigkeit, die Aufmerksamkeit auf mehrere Informationsquellen zu verteilen. Leistungen der Aufmerksamkeitsteilung scheinen also besonders stark von Frontalhirnfunktionen abhängig zu sein (s. a. Kap. 3.2.3).

2.2 Schädel-Hirn-Trauma (SHT)

„Allgemeine Verlangsamung" als Kardinalsymptom nach SHT

Zusammen mit Gedächtnisstörungen stellen Aufmerksamkeitsbeeinträchtigungen das häufigste neuropsychologische Defizit nach einem Schädelhirntrauma dar und beeinflussen stark den Erfolg sozialer sowie beruflicher Rehabilitation. Der konsistenteste Befund nach SHT ist eine allgemeine, unspezifische Verlangsamung der Informationsverarbeitung. Neuere Befunde machen aber auch spezifische Störungen in den verschiedenen Aufmerksamkeitsdomänen der Intensität und Selektivität wahrscheinlich.

Die Ursache dieser Funktionsstörungen nach SHT bleibt jedoch weitgehend unklar. Als pathologisches Korrelat der Schädigung infolge vor allem rotationaler Beschleunigung des Gehirns werden u. a. „diffuse axonale Schädigungen" diskutiert (Bartels & Wallesch, 2000), die sich im CT, besser aber im MRT als multiple kleine Läsionen oder transientes Ödem darstellen.

Fokale Kontusionsherde haben dagegen anscheinend oft keinen Einfluss auf die Art und das Ausmaß der Beeinträchtigungen. Möglicherweise gibt

13

es aber dennoch Muster spezifischer Funktionsstörungen innerhalb der SHT-Population (Zoccolotti et al., 2000). Studien mit Hilfe bildgebender Verfahren (z. B. Positronen-Emissions-Tomographie PET, s. Kap. 3) erlauben neue Einblicke in die funktionelle Neuroanatomie kognitiver Störungen nach SHT. So konnten Fontaine und Mitarb. (1999) zeigen, dass defizitäre Leistungen in Aufmerksamkeitstests bei Patienten nach schwerem Schädelhirntrauma mit einem Hypometabolismus in präfrontalen und cingulären Hirnarealen (gemessen im Ruhezustand) einhergehen. Diese Daten legen nahe, dass Aufmerksamkeitsdefizite nach SHT u. a. durch eine Beeinträchtigung der Aktivierung oder Modulation von Aufmerksamkeits- und „exekutiven" Netzwerken verursacht werden.

Es ist eine häufig gemachte Beobachtung, dass SHT-Patienten bei Aufmerksamkeitstests oft besser abschneiden als erwartet (s. Kap. 1.2 „Coping"). Ponsford und Kinsella (1992) weisen in diesem Zusammenhang darauf hin, dass sich die Anforderungen von Tests zur Aufmerksamkeitsprüfung oft erheblich von den entsprechenden Anforderungen in Alltagssituationen unterscheiden. Letztere sind oft komplexer und weniger strukturiert und dauern oft wesentlich länger als strukturierte neuropsychologische Tests. Die Autoren betonen deshalb die Notwendigkeit, neben den Testergebnissen auch klinische Beobachtungen im Alltag bei der Diagnostik von Aufmerksamkeitsleistungen mit zu berücksichtigen. Auch eine sorgfältige Planung der Testuntersuchung (s. Kap. 4.2.5) kann helfen, Fehldiagnosen allein auf Grund von Testergebnissen zu vermeiden.

2.2.1 Minimale traumatische Hirnschädigung

Ein Patient mit minimaler traumatischer Hirnschädigung (MTH) ist eine Person, die eine traumatisch bedingte physiologische Störung der Hirnfunktion erlitten hat, die sich nach der autorisierten Definition des „Mild TBI Committee of the Head Injury Interdisciplinary Special Interest Group of the American Congress of Rehabilitation Medicine" (1993) in mindestens einem der folgenden Symptome manifestiert:

– Zeitweiliger Bewusstseinsverlust
– Erinnerungsverlust für Ereignisse unmittelbar vor oder nach dem schädigenden Ereignis
– Jede Veränderung des geistigen Zustands unmittelbar nach dem Ereignis (Benommenheit, Desorientierung, Verwirrtheit)
– Fokale neurologische Defizite, die transient sein können oder nicht, deren Schweregrad aber nicht die folgenden Grenzen überschreiten sollte:

a) Bewusstseinsverlust nicht länger als 30 min.
b) nach 30 Minuten Glasgow Coma Scale 13–15
c) Posttraumatische Amnesie nicht länger als 24 Stunden

Minimale traumatische Hirnschädigungen werden auch als „*Gehirnerschütterung*" (*Commotio cerebri*, engl. *Concussion*) beschrieben. Mittl und Mitarbeiter (1994) fanden bei 33 % ihrer Patienten mit leichtem SHT (beurteilt als „Commotio") bei unauffälligem CT im MRT Zeichen einer diffusen axonalen Verletzung (DAI; s. Kap. 2.2).

In den letzten 20 Jahren gab es zahlreiche Untersuchungen zu Symptomen und subjektiven Beschwerden nach einer minimalen traumatischen Hirnschädigung (MTH). Die häufigsten psychischen Symptome und Beschwerden nach MTH sind in Tabelle 3 zusammengefasst.

Tabelle 3:
Symptome und subjektive Beschwerden nach minimaler traumatischer Hirnschädigung.

Kognitiv	Emotional/Affektiv
– Vergesslichkeit – verlangsamte mentale Verarbeitung – exzessive Ermüdbarkeit – den „Faden verlieren" – schlechte Konzentrationsfähigkeit – erhöhte Ablenkbarkeit	– niedrige Frustrationstoleranz – emotionale Labilität – Depression – verminderte Libido – Ängstlichkeit – Schlafstörungen

Nach: Murrey, G. J. (2000)

Diese Symptome können sowohl eine organische als auch eine psychogene Ursache haben. Das Thema „Aggravation/Simulation" ist bei der Beurteilung neuropsychologischer Folgen nach MTH von besonderer Relevanz. Einige Untersuchungen haben einen eindeutigen Zusammenhang zwischen einem Rechtsstreit des Patienten z. B. zur Durchsetzung von Entschädigungsansprüchen nach einem Unfall und erhöhter Tendenz zur Darstellung der Symptome nachgewiesen. Nach neueren Ergebnissen sind neuropsychologische Funktionsstörungen bei MTH nach Ablauf eines Jahres äußerst unwahrscheinlich mit einer Auftretenswahrscheinlichkeit von lediglich 1.9–5.8 % (Alves et al., 1993; Nemeth, 1996; Dikman et al., 1995; Larrabee, 1997).

Langfristige Störungen nach MTH unwahrscheinlich

2.2.2 „HWS-Schleudertrauma"

Die Beschleunigungsverletzung der Halswirbelsäule (sog. ‚HWS-Schleudertrauma') entspricht dem in englischsprachigen Ländern gebräuchlichen Begriff der whiplash injury (‚Peitschenschlagverletzung'). Dieser Krankheitsbegriff war ursprünglich auf eine Schleuderung des Kopfes mit Vorwärts-Rückwärts-Bewegung (z. B. bei Heckauffahrunfall) beschränkt. Das derzeitige Verständnis der HWS-Beschleunigungsverletzung (HWS-BV) erlaubt eine Schleuderung in beliebiger Richtung (auch bei Seitenaufprall).

Diese Schleuderung wird durch eine indirekte Energieeinwirkung (meist am Rumpf) ausgelöst und beinhaltet definitionsgemäß nicht direkte Kontaktverletzungen des Schädels (Schlag, Aufprall) oder des Nackens (Tritt) als mögliche Ursachen der Schleuderung.

Der posttraumatische Zustand nach einer Halswirbelsäulen-Beschleunigungsverletzung ist von einem Schmerzsyndrom geprägt. Im Vordergrund stehen Nacken- und Kopfschmerzen mit schmerzhafter Verspannung der Nackenmuskulatur und Nackensteife.

Aufmerksamkeitsstörungen stellen die häufigsten neuropsychologischen Defizite bei ‚HWS-Schleudertrauma‘-Patienten dar. Unmittelbar nach dem Ereignis sind vorwiegend einfache Reaktionsleistungen und die Aufmerksamkeitsprozesse bei leichten Routineaufgaben beeinträchtigt (Ettlin et al., 1992). Diskrete Einbußen der Aufmerksamkeitsfunktionen lassen sich mit wiederholten neuropsychologischen Untersuchungen im prospektiven Längsschnitt nachweisen, selbst wenn sich in einer einmaligen Querschnittsuntersuchung oft keine Auffälligkeiten finden ließen (Keidel et al., 1992, 1995, 1996).

Symptome hauptsächlich schmerzabhängig Ein Zusammenhang zwischen den posttraumatischen zervikozephalen Schmerzen und den Leistungseinbußen ist anzunehmen, da sich eine Korrelation der Ergebnisse in den Aufmerksamkeitstests mit der subjektiv, auf einer visuellen Analogskala skalierten Schmerzstärke nachweisen lässt (Keidel et al., 1992, Yagüez et al., 1992). Patienten mit stärkeren Schmerzen zeigten schlechtere Aufmerksamkeits- und Konzentrationsleistungen. Auch Radanov et al. (1993) konnten in einer prospektiven Studie nachweisen, dass bei komplexen Aufmerksamkeitsaufgaben gerade diejenigen Patienten Defizite zeigten, die neben multiplen, zusätzlichen Beschwerden besonders unter intensiven Schmerzen litten. Die untersuchte Patientengruppe zeigte im Vergleich mit der beschwerdeärmeren Patientengruppe auch eine verzögerte Rückbildung der Defizite, die allerdings durch die Einnahme zentral-wirksamer Medikamente konfundiert wurde (Di Stefano & Radanov, 1995). Auf den Zusammenhang von Schmerz und Leistungsminderung weist auch die Studie von Schwartz et al. (1987) hin. In dieser Studie wurden Patienten mit einem schmerzhaften Zervikalsyndrom nach HWS-BV mit einer Gruppe von Patienten mit Rückenschmerzen ohne Trauma verglichen. Bei sämtlichen untersuchten Patienten wurden Leistungsdefizite gefunden, die sich jedoch zwischen den beiden ‚Schmerz‘-Gruppen nicht signifikant voneinander unterschieden. Die Studie zeigt, dass die beschriebenen Leistungsdefizite nicht Trauma- sondern Schmerzkorrelate sind, d. h. nicht unmittelbare sondern allenfalls mittelbare (schmerzbedingte) Traumafolgen darstellen.

Yarnell und Rossie (1988) wiesen bei 85 % der untersuchten Patienten mit posttraumatischen Beschwerden Beeinträchtigungen der Vigilanz, Informationsverarbeitungsgeschwindigkeit und der fokussierten Aufmerksamkeit nach. Kischka et al. (1991) konnten noch im Mittel 7 Jahre nach einer HWS-BV im Vergleich zu Normalpersonen reduzierte neuropsychologische

16

Leistungsparameter bei einfachen Routineaufgaben aufzeigen. Die Störungen kognitiver Leistungen korrelierten mit erhöhter Ermüdbarkeit und Erschöpfbarkeit, mit einer depressiven Verstimmung und mit bestehenden Kopfschmerzen. Auch bei komplexen Aufmerksamkeitsleistungen konnten in Querschnittsuntersuchungen noch Jahre nach dem Ereignis Leistungseinbußen und damit korrelierte subjektive kognitive Beeinträchtigungen objektiviert werden (Radanov et al., 1990). Bei großer individueller Leistungsvariabilität konnten Reduktionen der kognitiven Informationsverarbeitungsgeschwindigkeit und der geteilten Aufmerksamkeit ermittelt werden (Kessels et al., 1998). Krajewski und Wolff (1990) konnten demgegenüber bei einer mehrere Jahre nach der Beschleunigungsverletzung durchgeführten retrospektiven Untersuchung bei einfachen Routinetätigkeiten keine Defizite mehr im Bereich der selektiven Aufmerksamkeit nachweisen. Poeck (1999; s. a. Sturm & Poeck, 2002) setzt sich sehr kritisch mit kognitiven Störungen nach HWS-Distorsion auseinander und kommt insgesamt zu dem Schluss, dass derartige Defizite in der genannten Patientengruppe keine unmittelbare organische Ursache haben können.

Keine unmittelbare organische Ursache für Aufmerksamkeitsstörungen nach „HWS-Schleudertrauma"

2.3 Neurodegenerative Erkrankungen

2.3.1 Alzheimer Demenz

Aufmerksamkeitsstörungen sind bereits im frühen Stadium der Alzheimer Demenz zu beobachten und scheinen häufig zwar erst nach Gedächtnisstörungen aber noch vor Beeinträchtigungen von Sprache und räumlichen Leistungen aufzutreten (Perry, Watson & Hodges, 2000). Wahl-Reaktionsaufgaben scheinen früher betroffen zu sein als einfache Reaktionsaufgaben oder Aufgaben zur räumlichen Verschiebung des Aufmerksamkeitsfokus, was für eine relative Aufrechterhaltung der kognitiven Kontrolle der Aufmerksamkeitsaktivierung und visuell-räumlichen Aufmerksamkeit aber für frühe Störungen der selektiven Aufmerksamkeit spricht. Im Verlauf der Erkrankung nehmen auch Störungen der inhibitorischen Kontrolle zu (für eine Übersicht s. Collette & van der Linden, 2002). Interessanterweise ist im frühen Stadium auch die Fähigkeit zur Teilung oder Verteilung der Aufmerksamkeitsressourcen noch gut erhalten. Automatische Verarbeitungsprozesse scheinen auch in späteren Stadien weitgehend unbeeinträchtigt zu sein, wohingegen den Patienten Aufgaben, die kontrollierte, aufmerksamkeitsgesteuerte Prozesse verlangen, im weiteren Krankheitsverlauf immer schwerer fallen.

Alertness und Vigilanz zunächst gut erhalten

2.3.2 Andere dementielle Erkrankungen

Patienten, die unter Morbus Parkinson (PD = Parkinson Disease) oder Chorea Huntington (HD = Huntington Disease) leiden, zeigen in der Regel keine Defizite bei der phasischen Alertness und bei Vigilanz-Aufgaben,

Multiple Aufmerksamkeitsstörungen

wohingegen Patienten mit Progressiver Supranukleärer Lähmung (PSP = Progressive Supranuclear Palsy) unter derartigen Störungen leiden. Sprengelmeyer et al. (1995) untersuchten HD-Patienten mit geringer bis moderater Beeinträchtigung im Alltag mit unterschiedlichen Subtests der Testbatterie zur Aufmerksamkeitsprüfung (TAP, s. Kap. 4.1.3) und fanden dabei ausgeprägte Defizite bzgl. Alertness (allgem. Reaktionsbereitschaft), selektiver, visueller, an Augenbewegungen gebundener Aufmerksamkeit, geteilter Aufmerksamkeit (simultane Verarbeitung visueller und akustischer Reize), intermodalem Vergleich (Verarbeitung sequenziell dargebotener visueller und akustischer Reize) und permanentem Alternieren des Aufmerksamkeitsfokusses zwischen zwei Entscheidungsregeln. HD-Patienten haben allerdings keine Schwierigkeiten, ihre Aufmerksamkeit verdeckt zu verschieben, was auf ein weitgehend intaktes posteriores Aufmerksamkeitssystem schließen lässt.

Störungen der Aufmerksamkeitsteilung scheinen ein generelles Problem dementieller Erkrankungen in späteren Erkrankungsstadien zu sein.

3 (Neuro-)psychologische und neurobiologische Störungstheorien und -modelle

In Ergänzung zu den in Kap. 1 und 2 dargestellten Befunden sollen hier sowohl psychologische Theorien als auch die Ergebnisse von klinischen und experimentellen neuropsychologischen Studien und auch von PET- und fMRT-Untersuchungen (PET: Positronen-Emissionstomographie; fMRT: funktionelle Kernspin- oder Magnet-Resonanztomographie; zur Einführung in die Methodik s. z. B. Weiller, 2000; Büchel & Weiller, 2002) zu den verschiedenen Aufmerksamkeitsaspekten dargestellt werden.

3.1 (Neuro-)psychologie und Neurobiologie der Aufmerksamkeitsintensität

3.1.1 Psychologische Theorien

Der Intensitätsaspekt der Aufmerksamkeit umfasst die Komponenten *Alertness* (Aufmerksamkeitsaktivierung) und *Daueraufmerksamkeit/Vigilanz*, basale Prozesse der kurzfristigen und der längerfristigen Aktivierung bzw. Aufrechterhaltung einer solchen Aktivierung.

18

Die Aufmerksamkeitsaktivierung muss in *tonische* und *phasische* Alertness unterteilt werden. Während die tonische Alertness durch den physiologischen Zustand des Organismus unter anderem in Abhängigkeit von der Tageszeit bestimmt ist, wird durch die phasische Alertness die plötzliche Zunahme der Aufmerksamkeit unmittelbar nach einem Warnreiz ausgedrückt (Posner, 1975), wie es sich elektrophysiologisch zum Beispiel in der Erwartungswelle im EEG (Walter et al., 1964) zeigt. Lansing et al. (1959) sowie Posner und Boies (1971) konnten in EEG- und Reaktionszeitstudien zeigen, dass ein Warnreiz dann zu einer optimalen Voraktivierung mit deutlichster Reaktionszeitverkürzung führt, wenn er 0.5 bis 1 Sekunde vor dem Reaktionsreiz präsentiert wird.

In Abwesenheit eines Warnreizes kann der Grad der Aufmerksamkeitsaktivierung aber auch kognitiv zwecks schneller Reaktion auf ein erwartetes Ereignis moduliert werden. In diesem Zusammenhang präzisieren Sturm und Mitarbeiter (1999) den Begriff der tonischen Alertness, indem sie kurzfristige Reaktionsleistungen, die vom Probanden ohne Vorgabe eines Warnreizes – d. h. ausschließlich von ihm selbst kontrolliert – ausgeführt werden, als *intrinsische Alertness* definieren. Im Gegensatz hierzu wird die phasische Alertness eher „extrinsisch" durch externe Stimuli gesteuert.

„Intrinsische" Alertness: Kognitive Steuerung der Aufmerksamkeitsaktivierung

In der Literatur zur funktionellen Bildgebung von Aufmerksamkeitsfunktionen werden die Intensitätsaspekte „alertness" und „sustained attention (Daueraufmerksamkeit)" oft nicht klar voneinander unterschieden. Einige Autoren bezeichnen sogar sehr kurze, oft nur wenige Sekunden dauernde Perioden erhöhter Wachsamkeit als „Daueraufmerksamkeit". Sturm et al. (1999) schlagen daher vor, von „Alertness"-Bedingungen nur dann zu sprechen, wenn die zu bearbeitende Aufgabe sehr einfach (d. h. ohne Selektivitätsaspekte der Aufmerksamkeit) strukturiert ist und eine möglichst rasche Reaktion erfordert. Bei Daueraufmerksamkeits-Aufgaben müssen die Versuchspersonen dagegen auf (meist häufig auftretende) Ereignisse achten, ohne jedoch rasch auf diese reagieren zu müssen. Dies scheint in der funktionellen Bildgebung zu Unterschieden in den Aktivierungsnetzwerken der beiden Aufmerksamkeits-Intensitätsaspekte Alertness und Sustained Attention zu führen, da unter den beschriebenen „sustained attention" Bedingungen möglicherweise keine optimale Aufmerksamkeitsaktivierung provoziert wurde.

Aufgaben zur *längerfristigen Aufmerksamkeitsaktivierung* verlangen vom Probanden „daß die Aufmerksamkeit über lange Zeiträume ununterbrochen einer oder mehreren Informationsquellen zugewandt wird, um kleine Veränderungen der dargebotenen Information zu entdecken und darauf zu reagieren" (Davies et al., 1984). Eine spezielle Variante der längerfristigen Aufmerksamkeit ist die *Vigilanz*. Vigilanzleistungen beanspruchen die Aufmerksamkeit über einen langen Zeitraum, oft Stunden, hinweg, und die relevanten Stimuli kommen hierbei typischerweise nur in sehr unregelmäßigen

Vigilanz: Aufrechterhaltung der Aufmerksamkeitsaktivierung bei monotonen Aufgabenstellungen

19

Intervallen und mit sehr geringer Auftretenshäufigkeit zwischen einer großen Menge irrelevanter Stimuli vor. Eine typische Vigilanzleistung vollbringt nach der Definition von Mackworth (1948) zum Beispiel ein Radarbeobachter, der über lange Zeit hinweg aufmerksam sein muss, um auf einem Bildschirm ein Signal zu entdecken, welches sich gegen irrelevante Hintergrundreize abhebt.

3.1.2 Neuropsychologie der Aufmerksamkeitsintensität

Zahlreiche klinische und experimentelle Studien weisen neben dem Hirnstamm (Hirnstammanteil der Formatio reticularis; Mesulam, 1985) insbesondere der rechten Hirnhälfte eine besondere Rolle bei der Kontrolle der Intensitätsfaktoren der Aufmerksamkeit zu (s. a. Kap. 2.1). So zeigten Untersuchungen mit lateralisierter gesichtsfeldabhängiger Darbietung von Vigilanzaufgaben bei gesunden Probanden (Dimond & Beaumont, 1973) und bei Split-Brain-Patienten (Dimond, 1979) übereinstimmend, dass die rechte Hirnhälfte bei der Aufrechterhaltung der Aufmerksamkeit dominant ist und das Aktivierungsniveau bei Reaktionen auf Stimuli in beiden Raumhälften kontrolliert (Heilman & van den Abell, 1979; Sturm et al., 1989), während die linke Hemisphäre starke Fluktuationen der Aufmerksamkeitsintensität zeigt und auch nur im kontralateralen „Aufmerksamkeitsraum" aktiv wird. Läsionsstudien bei Patienten mit Schlaganfall haben gezeigt, dass es nach rechtshemisphärischen Läsionen oft zu einem dramatischen Anstieg einfacher visueller und auditiver Reaktionszeiten kommt (Howes & Boller, 1975; Posner et al., 1987; Ladavas, 1987).

Posner und Petersen (1990) schreiben dem noradrenergen System, welches im Hirnstamm im Locus coeruleus entspringt, eine besondere Bedeutung bei der Aufmerksamkeitsaktivierung zu. Aus tierexperimentellen Studien an Ratten gibt es Hinweise darauf, dass es funktionell stärkere Projektionen vom Locus coeruleus in die rechte Hemisphäre und dort insbesondere in den frontalen Kortex gibt (Robinson, 1985; Robinson & Coyle, 1980). Aus diesen Studien wurde auch die Hypothese abgeleitet, dass es eine „top-down", d. h. kognitiv kontrollierte Regulierung dieser noradrenergen Aktivierung durch den rechten frontalen Kortex geben muss, welche selbst allerdings möglicherweise eher durch andere Transmittersysteme, z. B. die cholinergen Verbindungen vom basalen Vorderhirn mediiert wird (s. Sarter et al., 2001).

3.1.3 Funktionelle Bildgebungsstudien zu Alertness

In einer PET-Studie von Kinomura und Mitarbeitern (1996) wurde explizit die Aktivierung der Alertness untersucht. Zehn gesunde Vpn wurden mit einer einfachen visuellen und einer somatosensorischen Reaktionszeitaufgabe (Aufleuchten eines gelben Fixationspunktes; plötzliche Berührung des rechten Zeigefingers mit einem Stift) untersucht. Die Reaktion erfolgte durch Druck des rechten Daumens auf eine Reaktionstaste. Die Aktivierung unter beiden Reaktionsbedingungen wurde mit einer Ruhebedingung kontrastiert. Im Vergleich zur Ruhebedingung gab es einen signifikanten rCBF (regional cerebral blood flow)-Anstieg im Tegmentum des Mittelhirns unter Einschluss der mesenzephalen Formatio reticularis und in der linken interlaminaren Thalamusregion. Da die Autoren eine Region-of-Interest-Analyse durchführten, d. h. nur die ihrer Hypothese entsprechenden Hirngebiete näher analysierten, wurden andere Aktivierungen, z. B. im Kortex, nicht untersucht. Es kam jedoch unter den Aktivierungsbedingungen zusätzlich zu einer diffusen Blutflusserhöhung von 3 bis 4 ml im gesamten zerebralen Kortex. Um Einflüsse des motorischen Teils der Aufgabe auf die Hirnstammaktivierung auszuschließen, wurde an einer weiteren Gruppe von 9 Vpn eine sensomotorische Kontrollaufgabe durchgeführt (beliebiges Daumendrücken, während ein gelbes visuelles Feld angeschaut wurde). Unter dieser Bedingung kam es jedoch nicht zu einer Aktivierung des Hirnstamms oder des Thalamus.

Ein kortikales und subkortikales, nahezu ausschließlich rechtshemisphärisches Netzwerk zur Kontrolle und Aufrechterhaltung der Alertness konnten Sturm und Mitarbeiter (1999) in einer PET-Studie nachweisen. Bei der Durchführung einer einfachen visuellen Reaktionsaufgabe (rasches Reagieren auf einen zentral im Fixationspunkt im Abstand von 3–5 sec dargebotenen weißen, 18mm großen Lichtpunkt) zeigte sich gegenüber einer sensomotorischen Kontrollbedingung ohne explizite Aufmerksamkeitsanteile (Beobachten des als Flickerlicht dargebotenen weißen Punkts, automatisierte Betätigung der Reaktionstaste) in der rechten Hemisphäre eine Aktivierung im anterioren Gyrus cinguli, im dorsolateralen frontalen Kortex, im inferioren parietalen Kortex, im dorsalen ponto-mesenzephalen Tegmentum (möglicherweise im Gebiet des Locus coeruleus) und im rechten Thalamus (Abbildung 2). Im Gegensatz zu anderen Reiz-Reaktionsaufgaben, bei denen sich typischerweise in funktionellen Bildgebungsstudien eine zur Reaktionshand kontralaterale cerebrale Aktivierung findet (z. B. Lutz et al., 2000) steht bei den Alertnessaufgaben eine besonders rasche Reaktionsweise bei extrem einfacher Aufgabenstellung ohne besondere zusätzliche kognitive Anforderungen im Vordergrund. Hierdurch und durch die infolge variabler Interstimulusintervalle aufgebaute Erwartungshaltung wird eine kognitiv kontrollierte Aufmerksamkeitsaktivierung (intrinsische Alertness) provoziert.

Mit Bezug auf die Theorie eines fronto-thalamischen „gating-Systems" der Aufmerksamkeitsaktivierung (Guillery et al., 1998; Stuss & Benson, 1986) schlagen die Autoren ein Netzwerk vor, in welchem das anteriore Cingulum und der dorsolaterale frontale Kortex über den Nucleus reticularis des Thalamus die für bestimmte Aufgaben benötigte und vom noradrenergen System im Hirnstamm bereitgestellte Aufmerksamkeitsaktivierung „intrinsisch" kontrollieren und kanalisieren:

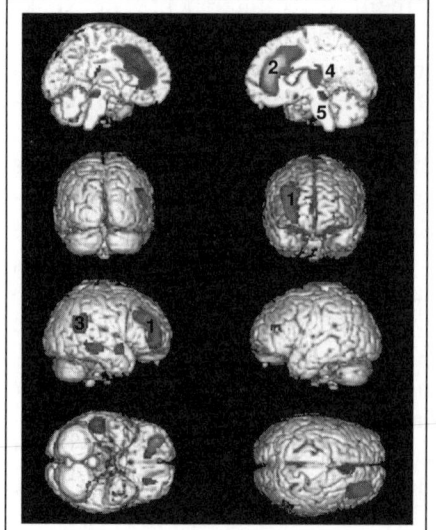

Abbildung 2

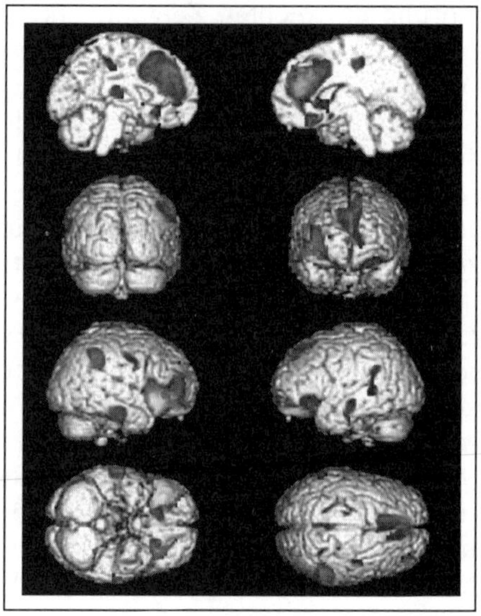

Abbildung 3

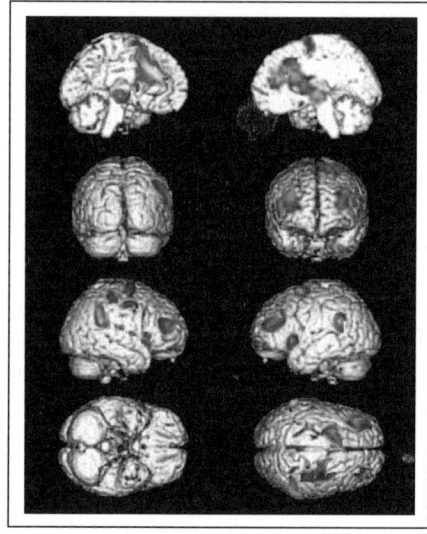

Abbildung 4

zu Abbildung 2:
PET-Aktivierung während einer intrinsischen Alertness-Aufgabe (3-D-Darstellung; nach Sturm et al., 1999). Das überwiegend rechtshemisphärische Netzwerk umfasst den dorsolateralen frontalen Kortex (1), den anterioren Gyrus cinguli (2), den inferioren parietalen Kortex (3), den Thalamus (4) und das dorsale ponto-mesenzephale Tegmentum, möglicherweise im Gebiet des Locus coeruleus (5).

zu Abbildung 3:
Netzwerk der intrinsischen Alertness bei auditiver Stimulation (nach Sturm und Willmes, 2001).

zu Abbildung 4:
Netzwerk der phasischen Alertness mit auditivem Reaktionsstimulus und visuellem Warnreiz (nach Sturm & Willmes, 2001).

Supramodales Alertness-Netzwerk

Ein ähnliches Netzwerk zeigte sich auch bei einer Untersuchung der intrinsischen Alertness mit auditiver Stimulation (1000 Hz-Tonsignal, ISI 3–5 sec; Sturm & Willmes, 2001). Es kam zu einer ausschließlich rechtshemisphärischen Aktivierung im Gyrus frontalis medius und inferior (Brodmann

Areal BA 11/47), im Gyrus cinguli (BA 32), im Gyrus temporalis inferior sowie im Thalamus, so dass ein supramodales, d. h. nicht an eine bestimmte sensorische Reizmodalität gebundenes Netzwerk zur Kontrolle der Aufmerksamkeitsintensität wahrscheinlich ist (Abbildung 3).

Wurde die gleiche Aufgabe in einer „phasischen"-Alertness-Bedingung gegeben, nämlich mit einem visuellen, zentral 100–1000 msec vor dem auditiven Reaktionsstimulus dargebotenen Warnreiz, so ergab sich ein ähnliches Aktivierungsmuster wie unter der „intrinsischen" Alertnessbedingung, jedoch mit einer weniger ausgedehnten rechts frontalen Aktivierung und zusätzlichen Foci im Thalamus sowie im Gyrus frontalis superior und inferior der linken Hemisphäre (Abbildung 4). Die geringere rechts frontale Aktivierung reflektiert wahrscheinlich eine geringere Notwendigkeit zur kognitiven, „intrinsischen" Kontrolle der Aufmerksamkeitsaktivierung infolge der Warnreize, welche das Alertnesssystem „extrinsisch" voraktivieren. Die Autoren interpretieren die zusätzliche links-frontale Aktivierung als Ausdruck elementarer Aufmerksamkeitsselektivität, da unter der phasischen Alertnessbedingung Reaktionen auf den Warnreiz aktiv inhibiert werden müssen. Dieser Befund ist kongruent mit der Beobachtung, dass Patienten nach linkshemisphärischen Läsionen besondere Schwierigkeiten bei Wahlreaktionsaufgaben zeigen (Dee & van Allen, 1973) und bei Aufgaben zur phasischen Alertness nach einem Warnreiz eher verlangsamt reagieren (Tartaglione et al., 1986).

Geringere kognitive Kontrolle bei der phasischen Alertness

3.1.4 Funktionelle Bildgebungsstudien zur Daueraufmerksamkeit/Vigilanz

PET- (Cohen et al., 1988; Pardo et al., 1991) sowie fMRI-Studien (Lewin et al., 1996) zur „Sustained Attention" bei gesunden Vpn benutzten als Paradigma kurzzeitig (40s) dauernde visuelle oder somatosensorische Aufgaben, bei denen die Vpn unregelmäßig auftretende Ereignisse (z. B. die Abschwächung einer zentral dargebotenen Lichtquelle oder das kurzfristige Aussetzen eines ansonsten kontinuierlichen taktilen Reizes) entdecken und diese Ereignisse zählen sollten. Unabhängig von der Modalität der Reizdarbietung zeigten sich jeweils Aktivierungsfoci im dorsolateralen präfrontalen und im inferioren parietalen Kortex der rechten Hirnhälfte. Die kurze Zeitdauer der Aufgabenstellung macht es allerdings schwierig, die Leistung als „Daueraufmerksamkeit" zu bewerten (s. 3.1.1).

Dass im Prinzip das gleiche Netzwerk, wie es für Alertnessaufgaben beschrieben wurde, auch an der Aufrechterhaltung der Aufmerksamkeit in klassischen Vigilanzaufgaben maßgeblich beteiligt ist, zeigten Paus et al. (1997) in einer PET-Studie mit Hilfe einer 60 Minuten dauernden auditiven Vigilanzaufgabe. Den Versuchspersonen wurden mit 2 sec Interstimu-

Abnehmende Vigilanz korreliert mit abnehmender Aktivierung im Alertness-System

lusintervall 1 sec andauernde Tonsignale dargeboten und sie sollten auf eine nur bei 5 % der Signale auftretende Abschwächung des Tons am Ende des Signals durch Tastendruck so schnell wie möglich reagieren. Alle 10 Minuten wurde 60 sec lang der cerebrale Blutfluss mittels PET und das EEG registriert. Die Autoren fanden eine über die Zeit hinweg abnehmende Aktivität im Thalamus, im rechten ventrolateralen und dorsolateralen frontalen Kortex sowie in Regionen des Parietal- und Temporalkortex, wobei die Aktivierung im Thalamus u. a. mit der Aktivität im ponto-mesenzephalen Tegmentum und im anterioren cingulären Kortex signifikant korrelierte (Abbildung 5). Gleichzeitig kam es über die Zeit hinweg zu einem signifikanten Anstieg der Reaktionszeiten und der Thetaaktivität im EEG, was auch auf der Verhaltensebene auf eine Abnahme der „alertness" während längerfristiger monotoner Aufgabenstellungen schließen lässt. Dies belegt, dass ein Nachlassen der Vigilanzleistung mit einer abnehmenden Aktivierung in den für die Alertnesskontrolle relevanten, überwiegend rechtshemisphärischen kortikalen und subkortikalen Netzwerken zusammenhängt. Wie in Kap. 3.1.1 beschrieben, scheint im Gegensatz zu den o. a. „sustained attention" Studien die Aufforderung zu möglichst schnellen Reaktionen auch bei der vorliegenden Vigilanzaufgabe das für die Aufmerksamkeitsaktivierung (Alertness) und deren Veränderung über die Zeit hinweg besonders relevante subkortikale Aktivierungsmuster entscheidend zu provozieren.

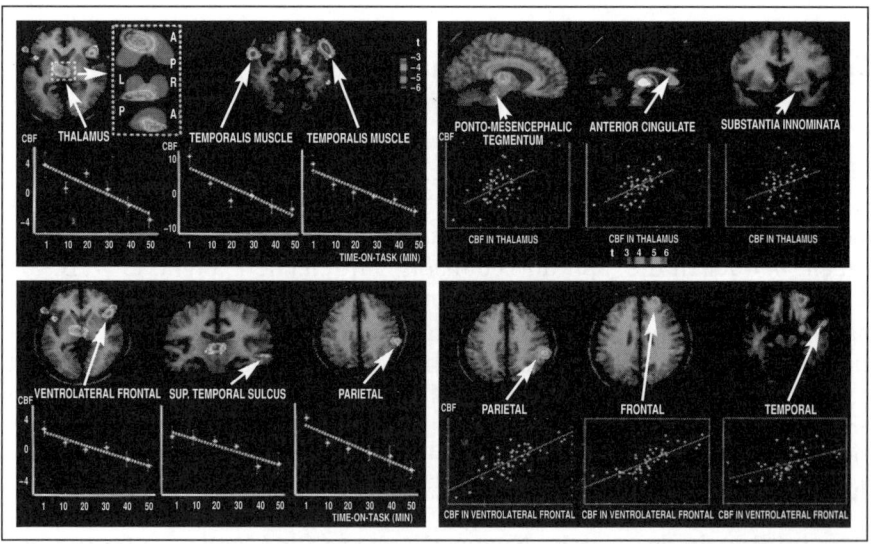

Abbildung 5:
Links: Kortikale und subkortikale Regionen, deren Aktivität sich im Verlauf der visuellen Vigilanzaufgabe veränderte. *Rechts:* Regionen, deren Aktivität mit der Aktivität im Thalamus (oben) bzw. im ventrolateralen frontalen Kortex kovariierte (nach Paus et al., 1997).

Die Beobachtung, dass sowohl bei den Alertness- als auch bei den Vigilanzstudien zusätzlich zu den frontalen und subkortikalen Aktivierungen auch eine Beteiligung des inferioren Parietalkortex zu beobachten war, obgleich die Aufgaben explizit keine räumliche Verschiebung der Aufmerksamkeit verlangen, stützen die von Fernandez-Duque und Posner (1997) aufgestellte Hypothese, dass über das Aufmerksamkeitsaktivierungsnetzwerk auch die für die räumliche Ausrichtung der Aufmerksamkeit relevanten posterioren, insbesondere im parietalen Bereich lokalisierten Aufmerksamkeitssysteme mitaktiviert werden. Dies würde unter anderem erklären, warum es nach rechtshemisphärischen Schädigungen neben allgemeinen Störungen der Aufmerksamkeitsintensität auch zu persistierenden Neglectsymptomen nach links, d. h. zu einer nicht durch sensorische Defizite zu erklärenden Vernachlässigung von Reizen in der linken Raumhälfte kommt. In diesem Zusammenhang konnten Robertson et al. (1995) einen interessanten Effekt eines Trainings zur Verbesserung der „Daueraufmerksamkeit" bei rechtshemisphärisch geschädigten Patienten beobachten. Die Patienten sollten mit Hilfe einer Selbstinstruktionstechnik („be alert") ihre Aufmerksamkeitsaktivierung steigern. Nach der Therapie verbesserten sich nicht nur die Daueraufmerksamkeitsleistungen der Patienten, sondern auch die Neglectsymptome, obwohl die Neglect-Symptomatik selbst nicht spezifisch, d. h. mit Aufgaben zur Verbesserung der räumlichen Ausrichtung der Aufmerksamkeit therapiert worden war. Die Autoren interpretieren den Effekt als Ausbreitung der Aufmerksamkeitsaktivierung von frontalen auf parietale Areale der rechten Hirnhälfte.

Alertness und spatiale Aufmerksamkeit haben gemeinsame funktionale Netzwerke

3.2 (Neuro-)psychologie und Neurobiologie der Aufmerksamkeitsselektivität

3.2.1 *Selektive Aufmerksamkeit*

3.2.1.1 *Psychologische Theorien*

Die *selektive Aufmerksamkeit* moduliert die Ansprechbarkeit auf eine spezifische Reizkonstellation, indem sie bestimmten Reizen eine hohe Priorität für die weitere Verarbeitung einräumt. Die Ausrichtung der selektiven Aufmerksamkeit kann entweder durch externe Faktoren, z. B. durch besonders hervorstechende oder relevante Reize, oder durch interne Faktoren, wie die Erwartung eines bestimmten Reizes oder durch eine bestimmte Aufgabenstellung, gesteuert sein. Frühe Theorien der Aufmerksamkeitsselektivität (z. B. Broadbent 1958) beschäftigten sich vor allem mit auditiver Reizselektion im Rahmen dichotischer Hörexperimente (simultane Darbietung unterschiedlicher Informationen auf jeweils einem Ohr). Broadbent

Räumt selektiv inneren oder äußeren Reizen Priorität ein

ging von einem System mit begrenzter Verarbeitungskapazität aus, in welchem zur Informationsverarbeitung eingehende Informationen zunächst parallel sensorisch verarbeitet werden, dann aber auf Grund physikalischer
Eigenschaften in einem „Flaschenhals" (selektiver Filter) als wichtig oder
unwichtig ausgefiltert werden (Abbildung 6).

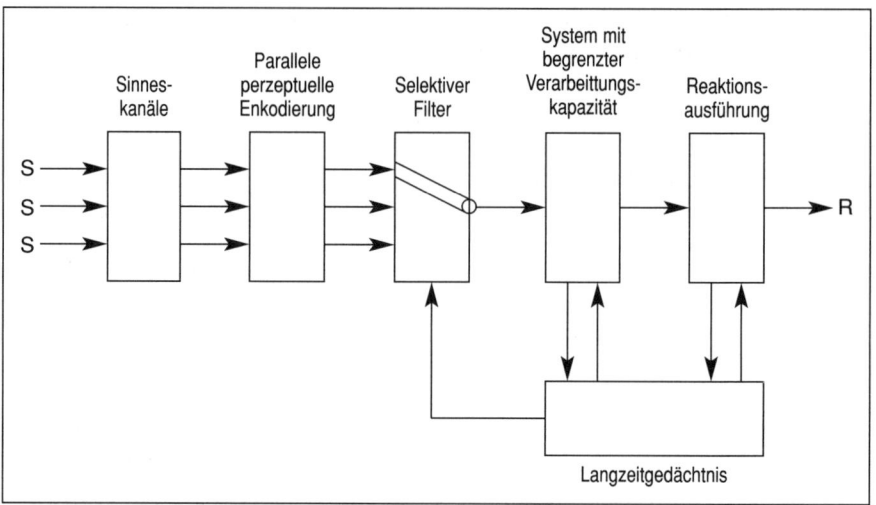

Abbildung 6:
Broadbents Filtermodell in einer späten Version. Die Verarbeitung sensorischer Informationen erfolgt bis zum Filter parallel, nach dem Filter jedoch seriell. Sowohl das System
mit begrenzter Verarbeitungskapazität als auch das reaktionsausführende System inter-
agieren mit dem Langzeitgedächtnis. S = Stimulus; R = Reaktion (nach Van Zomeren &
Brouwer, 1994).

Spätere Untersuchungen zeigten dann aber, dass nach dem Broadbentschen
Modell ausgefilterte Informationen dennoch zu Effekten bei der Bewältigung von Aufgaben führten. Z. B. wurden Versuchspersonen durch das
schwache Geräusch eines Martinshorns von einer Aufgabe abgelenkt, obwohl das Geräusch für die Bewältigung der Aufgabe irrelevant war. Treisman (1964) schlug daher vor, dass die zunächst irrelevanten Informationen
nicht vollständig ignoriert und „ausgefiltert", sondern nur abgeschwächt
würden. Broadbent übernahm diese Vorstellung in einer späteren Version
seines Modells, indem er einen „Abschwächungs-Filter" einführte. Norman
(1971) kritisierte diese „Zwei-Phasen"-Theorie der selektiven Aufmerksamkeit jedoch sehr treffend:

„Das Problem hierbei ist einfach, dass es schwierig ist zu verstehen, wie Treisman sowohl eine Einsparung an zu verarbeitenden Signalen (ein abgeschwächtes Signal ver-

26

hält sich schließlich so, als sei es kaum vorhanden) haben kann, gleichzeitig aber auch eine Analyse *aller* Signale, wenn es die Situation erfordert (letztendlich ist das abgeschwächte Signal ja noch vorhanden)".

Einen Lösungsansatz bot hier das „Zwei-Prozess-Modell (Two-Process Model)" von Shiffrin und Schneider (1977), in welchem zwischen *automatischer* und *kontrollierter* Verarbeitung unterschieden wurde. Einige Aufgaben, vor allem wenn sie überlernt oder hochtrainiert sind (z. B. das Bedienen der Pedale eines Kraftfahrzeugs) scheinen völlig automatisiert bewältigt werden zu können, d. h., die Ausführung der Aufgabe ist nicht von bewussten Auswahl- oder Selektionsprozessen abhängig und wird auch nicht durch die gleichzeitige Ausführung einer anderen Aufgabe beeinträchtigt. Im Gegensatz hierzu fordern unvertraute Aufgaben „unsere volle Aufmerksamkeit" und bewusste Anstrengung. Sie sind in hohem Maße fehleranfällig, wenn sie gemeinsam mit anderen Aufgaben ausgeführt werden müssen.

Automatische Verarbeitung erfolgt parallel und unterliegt daher (theoretisch) keinerlei Kapazitätsbeschränkungen. Kontrollierte Verarbeitung erfolgt demgegenüber seriell, d. h. „eins nach dem anderen", da sie in hohem Maße von der Interferenz durch andere Aufgaben abhängt. Das bedeutet, dass die Zeitspanne, die für eine kontrollierte Aufgabe benötigt wird, direkt von der Anzahl der kognitiven Teilschritte, die zu ihrer Bewältigung notwendig sind, bestimmt wird. Es gibt hier starke Überschneidungen mit „bewusster Entscheidungsbildung" und Kontrollprozessen im Arbeitsgedächtnis. Shiffrin und Schneider beschreiben in diesem Zusammenhang auch zwei Arten von Aufmerksamkeitsdefiziten, die im Zusammenhang mit automatisierter und kontrollierter Verarbeitung auftreten können (s. Abbildung 7): a) ein *Defizit bei der Aufmerksamkeitsfokussierung* (focused attention deficit *FAD*) wenn eine durch automatische Verarbeitung verursachte Reaktion mit einer infolge kontrollierter Verarbeitung hervorgerufenen Reaktion in Konflikt gerät. Wenn z. B. beim Kauf eines neuen Autos die Positionen von Scheibenwischer- und Blinkerschalter im Vergleich zum vorher gefahrenen Auto vertauscht sind, werden beim Fahren des neuen Autos eine zeitlang unbeabsichtigt die Scheibenwischer eingeschaltet werden, wenn eigentlich der Blinker betätigt werden soll. Diese Tendenz wird allmählich abnehmen, aber hierzu wird eine verstärkte kognitive Kontrolle notwendig sein, während vorher der Griff zum Blinkerschalter ganz automatisch funktionierte; b) *Defizite bei der Aufmerksamkeitsteilung* (Divided Attention Deficits, *DAD*) treten dann auf, wenn zwei oder mehr ungeübte, d. h. die Aufmerksamkeitskapazität beanspruchende Aufgaben gleichzeitig ausgeführt werden müssen. In solchen Situationen wird die Begrenzung der Informationsverarbeitungskapazität des Systems deutlich. Mehrere Aufgaben, die jeweils kontrollierte Verarbeitungsprozesse benötigen, können nicht parallel, sondern nur sukzessiv verarbeitet werden. Wenn z. B. während eines Telefongesprächs eine andere Person eine Frage stellt oder eine Mitteilung macht, ist es sehr schwierig, beide Gespräche gleichzeitig zu verarbeiten (s. a. Kap. 3.2.3).

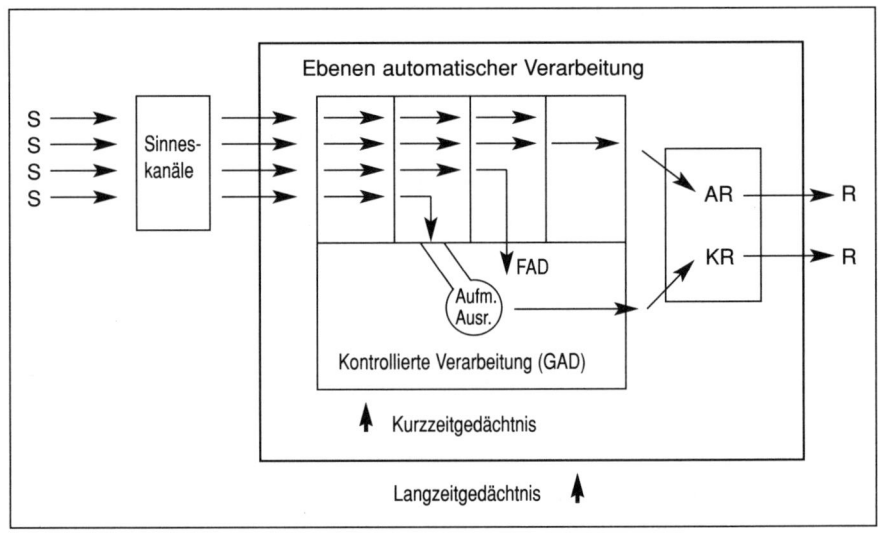

Abbildung 7:
Das Zwei-Prozess-Modell der Informationsverarbeitung von Shiffrin und Schneider. Aufm. Ausr. = Ausrichtung des Aufmerksamkeitsfokus; AR = automatische Reaktion; KR = kontrollierte Reaktion; FAD = Defizit der fokussierten Aufmerksamkeit als Resultat eines Konflikts zwischen automatisierter und kontrollierter Verarbeitung; GAD = Defizit der Aufmerksamkeitsteilung bei zu niedriger Geschwindigkeit kontrollierter Verarbeitung. Das *Kurzzeitgedächtnis* ist hier als aktivierter Teil des *Langzeitgedächtnisses* dargestellt (nach van Zomeren & Brouwer, 1994).

Treisman: automatisierte parallele und kontrollierte sequentielle Informationsverarbeitung

Auch Treisman und Gelade (1980) betonen die Unterscheidbarkeit automatischer („prä-attentionaler") und kontrollierter Prozesse bei der Informationsverarbeitung. Auf der perzeptiven Ebene postulieren sie eine rasche, automatisierte parallele Verarbeitung visueller Merkmale (z. B. Form, Farbe, räumliche Ausrichtung etc.). Wenn man z. B. ein Objekt mit einer ganz bestimmten Eigenschaft (z. B. grüne Farbe) zwischen anderen Objekten sucht, die alle diese Eigenschaft nicht haben (z. B. lauter rote Objekte), dann ist die Suchdauer unabhängig von der Gesamtzahl der Objekte. Das gesuchte Objekt scheint direkt „ins Auge zu springen". Wenn das gesuchte Objekt jedoch mit den Ablenkerreizen eine Eigenschaft oder sogar mehrere Merkmale gemeinsam hat, verlängert sich die Suchzeit proportional zur Anzahl der Ablenkerreize. Hier scheint die visuelle Informationsverarbeitung von einer gerichteten (fokussierten) Aufmerksamkeitszuwendung abhängig zu sein und die Suchprozesse werden seriell, d. h. nacheinander durchgeführt, so als ob ein Reiz nach dem anderen mit Hilfe eines „Scheinwerfers" auf bestimmte Merkmale hin abgesucht werden müsste. Die rasche parallele Verarbeitung nennt Treisman *Merkmalssuche (feature search),* da offensichtlich ein Merkmal ausreicht, um das gesuchte Objekt rasch zu finden. Den seriellen Suchvorgang nennt sie *Kombinationssuche (conjunction search)*, da nur unter dieser Bedingung die Kombination und Integration von Merkmalen erfolgreich ist. Diese Beobachtungen wurden in der *„Feature Integration Theory"* (FIT: Treisman & Gelade, 1980) zusammengefasst. Nach dieser Theorie wirkt gerichtete Aufmerksamkeit wie ein „Klebstoff", der die einzelnen, seriell erfassten Merkmale zum wahrgenommenen Objekt zusammenfasst. Abbildung 8 zeigt zwei Beispiele der für Treismans Experimente verwendeten Aufgaben, Abbildung 9 das aus der FIT entwickelte Wahrnehmungsmodell.

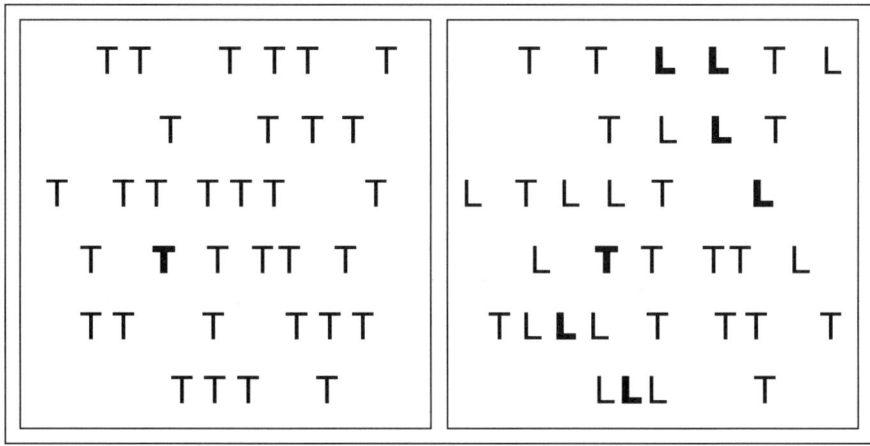

Abbildung 8:
Beispiele der von Treisman und Gelade (1980) verwendeten visuellen Suchaufgaben. In der linken Aufgabe fällt das T sofort ins Auge, da ein Merkmal (hier: Fettdruck) ausreicht, um das Zielobjekt zu identifizieren; in der rechten Aufgabe müssen alle Buchstaben nacheinander angeschaut werden, um den aus einer Kombination aus speziellem Buchstaben und Strichstärke bestehenden Zielreiz in einem seriellen Suchprozess herauszufinden.

Nach diesem Modell werden zunächst einige einfache Merkmale einer betrachteten Szene in mehreren Merkmalskarten (z. B. nach Farbe, Größe etc.) kodiert und gleichzeitig auf parallelen Pfaden verarbeitet. In den nachfolgenden Verarbeitungsschritten werden die separaten Merkmale der Szene integriert. Nach dem Modell wird die Aufmerksamkeit nacheinander (seriell) auf jeden einzelnen Ort einer Szene gerichtet und die verschiedenen Merkmale, die in einen „Scheinwerferpunkt" hineinfallen, zu einem einzigen Objekt kombiniert. Sobald das Objekt identifiziert ist, können seine Charakteristika im Gedächtnis gespeichert werden, was eine spätere Wiedererkennung erleichtert.

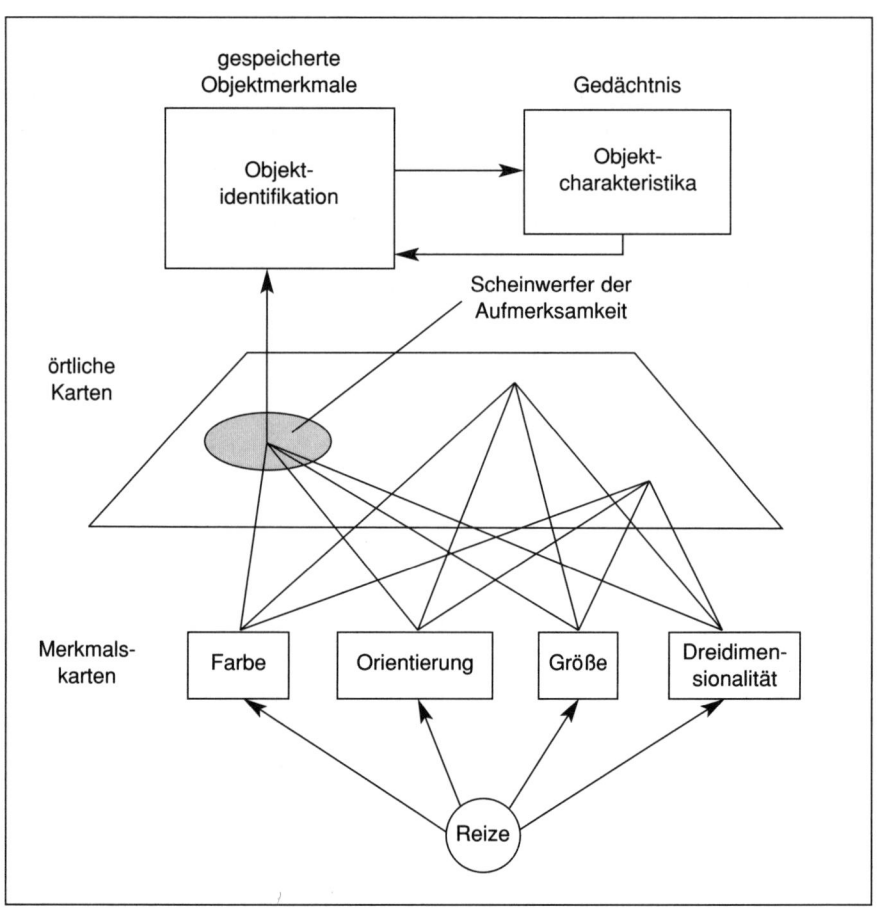

Abbildung 9:
Treismans Modell der aufmerksamkeitsgesteuerten visuellen Suche
(nach Kolb & Wishaw, 1996).

Navon:
Priorität globaler
über lokale
Verarbeitung

Navon (1977) konnte zeigen, dass der „Scheinwerfer" der Aufmerksamkeit anscheinend zunächst globale und erst danach lokale Aspekte einer Szene erfasst. Bei der visuellen Verarbeitung einer hierarchisch organisierten Figur werden die Figur als ein Ganzes und erst später ihre Details beachtet. In dem in Abbildung 10 gezeigten Beispiel wird der große Buchstabe H vor den kleinen Buchstaben E, aus denen er zusammengesetzt ist, erkannt. Wenn die kleinen Buchstaben verarbeitet werden sollen, dann steigt die Zeit bis zur Identifizierung, wenn die globalen und die lokalen Anteile der Gesamtaufgabe nicht übereinstimmen. In der abgebildeten Aufgabe wird es also länger dauern, die kleinen E, aus denen das große H zusammengesetzt ist zu identifizieren als die kleinen E im großen E.

30

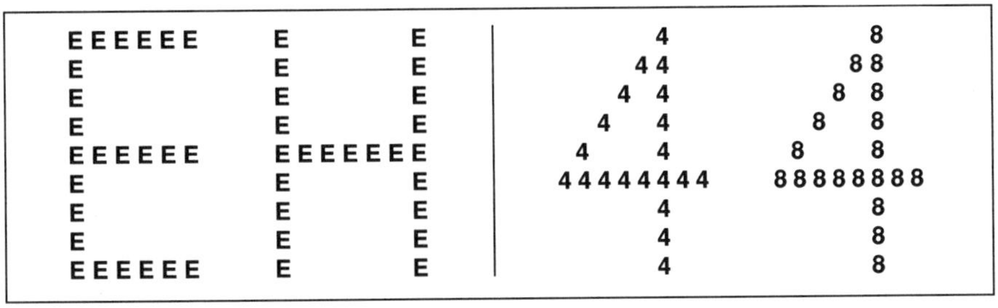

```
E E E E E      E          E              4                8
E              E          E             4 4              8 8
E              E          E            4   4            8   8
E              E          E           4     4          8     8
E E E E E      E E E E E E E          4       4        8       8
E              E          E          4 4 4 4 4 4 4 4   8 8 8 8 8 8 8 8
E              E          E                  4                8
E              E          E                  4                8
E E E E E      E          E                  4                8
```

Abbildung 10:
Beispiele hierarchisch organisierter Stimuli (nach Navon, 1977).

Die Betonung der besonderen Rolle automatischer Informationsverarbeitung in vielen Theorien zur selektiven Aufmerksamkeit führt zwangsläufig zur Frage, wie diese Automatismen im Bedarfsfall kontrolliert werden können. Diese Frage wurde von Shallice (1982) aufgeworfen. In seinem theoretischen Modell *(Cognitive Schema Theory)* wird menschliches Verhalten mit all seinen mentalen, aber auch unmittelbar beobachtbaren Aktivitäten als Konsequenz mentaler Schemata gesehen. Diese „erlernten" Schemata helfen bei der Interpretation von Reizen, die in das Informationsverarbeitungssystem hineinkommen und bei den daraus resultierenden Handlungen. Spezifische „Triggerreize" in den eingehenden Informationen dienen dazu, ein erlerntes Schema zu aktivieren und bestimmen somit das nachfolgende Verhalten (s. Abbildung 11). Oft ist es jedoch so, dass gleichzeitig mehrere Triggerreize vorhanden sind, die alle unterschiedliche Schemata gleichzeitig auslösen könnten, was zu einem chaotischen, unkontrollierten Verhalten führen würde. Shallice postuliert zwei Mechanismen, welche die „Kräfteverhältnisse" zwischen den verhaltensbestimmenden Schemata regulieren: *Contention Scheduling* (Regulierung des „Wettbewerbs" zwischen den Schemata) und *Supervisory Attentional Control* (überwachende Aufmerksamkeitskontrolle). Unter *contention scheduling* versteht Shallice einen automatischen Konfliktlösungsprozess, welcher eines der miteinander in Konflikt geratenen Verhaltensschemata entsprechend den situativen Prioritäten und zusätzlich vorhandenen Hinweisreizen auswählt und ihm für den Augenblick den „Vortritt" verschafft. Wenn das ausgewählte Schema dann aktiv ist, hemmt es die Auswahl inkompatibler und erleichtert die gleichzeitige Auswahl anderer passender Schemata. Dieser Prozess macht es weniger wahrscheinlich, dass unpassende Schemata ausgewählt werden, die zu chaotischem Verhalten führen würden. Dieser Prozess wird ausschließlich durch die externen Trigger und die gleichzeitige Beeinflussung der Wählbarkeit kompatibler oder inkompatibler Schemata gesteuert. Letztere basiert auf den Abhängigkeiten zwischen den Schemata. Diese Abhängigkeiten haben sich durch Erfahrung und assoziative Verbindungen zwischen den Repräsentationen der Verhaltensschemata im Langzeitge-

Shallice:
Cognitive
Schema Theory.
Verhaltens-
steuerung durch
Triggerreize
und Verhaltens-
schemata

31

dächtnis ausgebildet. Ein kompatibles Schema ist also ein Schema, welches in einem ähnlichen Kontext schon einmal zu erfolgreichem Verhalten geführt hat. *Contention Scheduling* ist demnach optimal für die Kontrolle von Routine-Verhalten unter wohlbekannten Umständen geeignet.

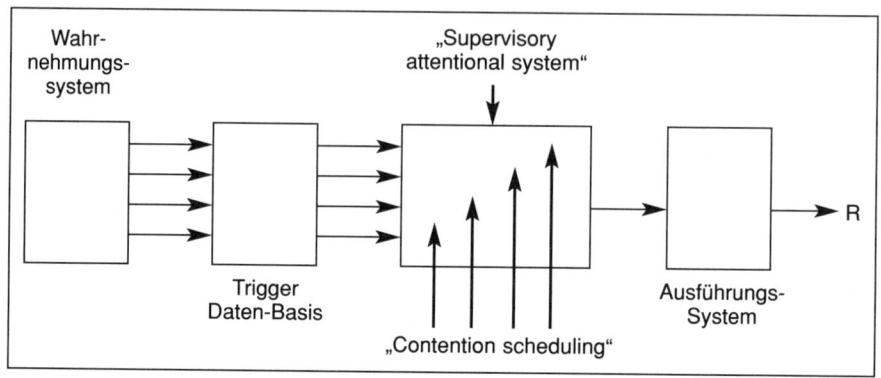

Abbildung 11:
Die *Cognitive Schema Theory* von Shallice (1982). Die Pfeile weisen auf aktivierenden Reizeingang hin. Die Ausnahme stellt das „Contention Scheduling" System dar. Hier repräsentieren die Pfeile inhibitorische Einflüsse auf die Auswahl von Verhaltensschemata (s. Text).

Supervisory Attentional Control in Nichtroutine-Situationen

Der zweite von Shallice postulierte Kontrollmechanismus *(Supervisory Attentional Control)* ist wesentlich weniger automatisiert und strikt aufmerksamkeitsgebunden und wird daher vorzugsweise in Situationen eingesetzt, die nicht der Routine unterliegen. Im Gegensatz zum *Contention Scheduling* werden Schemata hier nicht auf der Basis assoziativer Verknüpfungen im Langzeitgedächtnis ausgesucht, sondern unter der Kontrolle einer im Arbeitsgedächtnis aktiven Strategie. *Supervisory Attentional Control* kann somit als eine willentliche, kognitive „top-down"-Kontrolle (im Gegensatz zur automatisierten „bottom-up"-Kontrolle) und Modulation der Erregbarkeit der widerstreitenden Schemata angesehen werden. Das Kontrollsystem scheint jedoch Schemata nicht direkt auszuwählen, sondern lediglich ihre Erregbarkeit beeinflussen zu können. So kann es passieren, dass trotz des Einflusses der *Supervisory Attentional Control* unerwünschte Schemata automatisch aktiv werden, wie dies z. B. im Stroop-Test provoziert wird (s. Kap. 4.1.2.3). Häufig wird dem *Supervisory Attentional System* auch eine entscheidende Rolle bei der Fähigkeit zur Teilung oder Verteilung der Aufmerksamkeit (divided attention) zugeschrieben (s. Abschnitt 3.2.3). Ein Analogon dieses Systems ist die von Baddeley (1986, 1993) postulierte zentrale Exekutive des Arbeitsgedächtnisses. Auch hier werden Informationen vor allen Dingen in neuen und komplexen, nicht routinemäßig zu lösenden Situationen koordiniert und kontrolliert.

32

3.2.1.2 Neuropsychologie der selektiven Aufmerksamkeit

Nach Stuss und Benson (1984, 1986) ist für Aufmerksamkeitsprozesse ein Netzwerk aus dem retikulären System des Hirnstamms, dem diffusen thalamischen Projektionssystem und dem frontothalamischen „Gating-System" notwendig. Während das retikuläre System die intrinsische und tonische Aufmerksamkeitsaktivierung bereitstellt, ist das frontothalamische „Gating-System" unter Einbeziehung des o. a. „Alertness-Netzwerks" für die selektive und gerichtete Aufmerksamkeit relevant. Durch frontale Einflüsse öffnet nach diesem Modell der Nucleus reticularis thalami immer nur selektiv jene thalamischen „Tore" welche für die Verarbeitung einer bestimmten Information relevant sind (s. a. Birbaumer & Schmidt, 1991). Auf diese Weise wird eine „Überflutung" des gesamten Kortex mit ungerichteter retikulärer Aktivierung verhindert. Läsionen dieses Systems führen daher zu einer eingeschränkten Selektivität für externe Stimuli und zu erhöhter Ablenkbarkeit.

Das fronto-thalamische „Gating-System" regelt die selektive und aufgaben-spezifische Aufmerksam-keitsaktivierung

Dee und van Allen (1973) sowie Sturm und Büssing (1986) fanden, dass Patienten mit kortikalen Läsionen der linken Hirnhemisphäre eine Reaktionsverlangsamung und erhöhte Fehlerraten bei Wahlreaktionsaufgaben zeigten. Bisiach et al. (1982) sowie Jansen et al. (1992) wiesen zudem eine linkshemisphärische Dominanz für Wahlreaktionen bei Studien mit lateralisierter Stimuluspräsentation bei gesunden Versuchspersonen nach.

Einige Studien (Sergent, 1982; Robertson & Lamb, 1991) haben eine Dominanz der linken Hemisphäre für „lokale" und eine rechtshemisphärische Bevorzugung für „globale" Aufmerksamkeit gefunden, die bei Studien an Patienten mit lateralisierten Hirnschädigungen und auch in neueren Befunden mit Hilfe funktioneller Bildgebung bestätigt wurden (s. u.).

3.2.1.3 Funktionelle Bildgebungsstudien zur selektiven Aufmerksamkeit

In einer PET-Aktivierungsstudie demonstrierten Corbetta et al. (1991) die spezifische Rolle des linken lateralen orbito-frontalen Kortex, der Basalganglien (Globus pallidus, Nucleus caudatus) und des posterioren Thalamus während der Durchführung einer selektiven Aufmerksamkeitsaufgabe, bei der entweder Form, Farbe oder Geschwindigkeit der Stimuli beachtet werden mussten. Die linksseitige orbito-frontale Aktivierung (Abbildung 12) könnte hierbei den Inhibitionsprozess repräsentieren, der bei der Unterdrückung von Reaktionen auf nichtgeforderte Stimuli erforderlich ist. Zusätzlich kam es zu einer verstärkten Aktivierung in demjenigen Areal des sekundären visuellen Cortex, welches auf die Verarbeitung des jeweils selektiv beachteten Merkmals (Form, Farbe, Geschwindigkeit) spezialisiert ist.

Die linke Hirnhälfte ist maßgeblich am Inhibitions-oder Selektions-prozess beteiligt

Schnitker & Mitarb. (2002) untersuchten in einer fMRI-Studie an 24 gesunden Probanden die funktionalen Netzwerke für die auditive selektive Aufmerksamkeit unter verschiedenen Material- und zwei Komplexitätsbedingungen:

A (singuläre Bedingung): Die Versuchsperson hörte wiederkehrend einen hohen oder tiefen Ton in randomisierter Abfolge und sollte nur auf den hohen Ton reagieren. Eine parallele Aufgabenstellung wurde für nichtsprachliche und sprachliche bedeutungstragende Stimuli (Geräusche, Wörter) entwickelt (Reaktion beim Hören von Flötenspiel versus Ziegenmeckern bzw. beim Hören der gesprochenen Wörter „eine Flöte" versus „eine Ziege").

B (Klassen-Bedingung): Das Entscheidungskriterium bleibt gleich wie bei A, jedoch wurden jeweils Exemplare aus der Klasse hoher bzw. tiefer Töne, aus der Klasse von Musikinstrumenten bzw. Tierstimmen oder aus deren Wortklasse dargeboten. Wiederum war nach vorher definierten Kriterien zu reagieren (nur auf hohe Töne, Musikinstrumente, Namen von Musikinstrumenten).

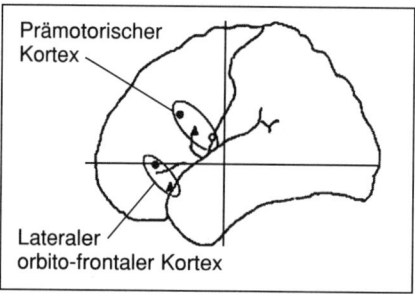

Abbildung 12:
Aktivierung im linksseitigen prämotorischen und lateralen orbito-frontalen Kortex bei der Ausführung von visuellen Aufgaben zur selektiven Aufmerksamkeit (nach Corbetta et al., 1991).

Es zeigte sich für alle Stimulusbedingungen (Töne, Geräusche, Wörter; singuläre Darbietung, Darbietung in Stimulusklassen) ein rechtshemisphärisches fronto-parietales Netzwerk, welches mit großer Wahrscheinlichkeit den Alertness-Anteil an der jeweiligen Aufmerksamkeitsanforderung repräsentiert. Für die über die Alertness-Funktion hinausgehende selektive Aufmerksamkeitsanforderung finden sich linkshemisphärische fronto-parietale Netzwerke (L. parietalis superior und inferior, G. frontalis medius und inferior), die zwar unabhängig von der Aufgabenstellung (singuläres vs. Klassenkriterium) in ähnlicher Weise aktiv sind, jedoch bei semantischer Anforderung, d. h. bei Geräuschen und Wörtern, eine deutlichere Ausprägung haben. Je nach materialspezifischer Anforderung zeigen sich zusätzlich unterschiedlich ausgedehnte temporale Aktivierungen (G. temporalis superior und medius). Der Wechsel im Entscheidungskriterium, d. h. der Wechsel von der Unterscheidung zweier Stimuli zur Unterscheidung von zwei Stimulusklassen führt zu stärker ausgeprägten bifrontalen Aktivierungen (G. frontalis medius, Prämotorik, frontales Augenfeld). Abbildung 13 zeigt die Aktivierungsmuster zusammengefasst über alle drei Stimulusarten hinweg („Conjunction"-Analyse) separat für die singuläre und die Klassen-Bedingung.

In dieser Untersuchung wurde der neben Aspekten selektiver Aufmerksamkeit ebenfalls in der Aufgabe enthaltene Alertness-Anteil nicht kontrolliert und „heraussubtrahiert", so dass sich ein kombiniertes Netzwerk aus rechtshemisphärischen Alertness- und linksseitigen „selective attention" Aktivierungen zeigt.

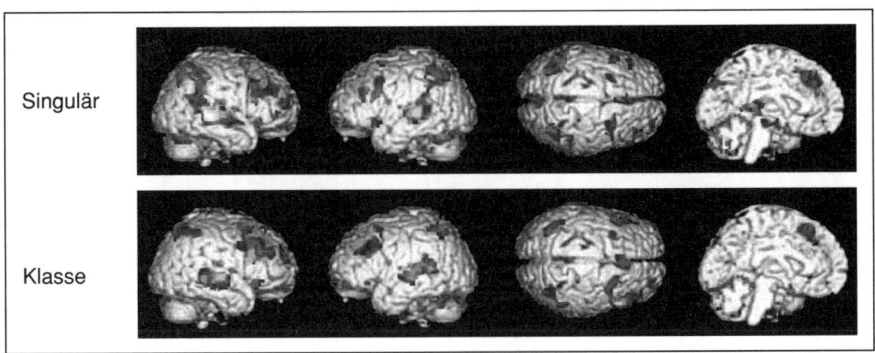

Abbildung 13:
fMRI-Aktivierungen während der Durchführung verschiedener Aufgaben zur auditiven selektiven Aufmerksamkeit. Oben sind in einer Conjunction-Analyse die gemeinsamen Aktivierungen für alle drei Stimulusarten (Töne, Geräusche und Wörter) bei singulärer Stimulusdarbietung, unten bei Darbietung in Stimulusklassen dargestellt.

In einer PET-Untersuchung zur visuellen und auditiven selektiven Aufmerksamkeit führte Sünter (2002) eine vom Wiener Reaktionsgerät adaptierte Reaktionsaufgabe einmal unter Alertness- und einmal unter Selektivitäts-Bedingungen durch. Die Aufgabe bestand aus einem gelben und einem roten Lichtreiz und einem Tonsignal, die entweder einzeln oder in verschiedenen Kombinationen dargeboten wurden. Unter der Alertness-Bedingung sollte auf jeden Einzelreiz und jede Reizkombination reagiert werden, unter der Selektivitätsbedingung nur auf bestimmte Reizkombinationen. Nach Subtraktion der Aktivierungen der Alertness-Bedingung von der Selektivitätsbedingung zeigte sich nur noch eine links inferior frontale Aktivierung ähnlich der bei der Studie von Corbetta (s. o.) gefundenen und eine rechtsseitige Aktivierung im anterioren Cingulum. Letztere wurde als erhöhte kognitive Anforderung an die Aufmerksamkeitsaktivierung unter der schwierigeren Selektivitätsbedingung interpretiert (Abbildung 14), während erstere den bei der Wahlreaktionsaufgabe zusätzlich zur Alertness-Bedingung notwendigen Selektions- bzw. Inhibitionsprozess repräsentiert.

In einer PET-Studie zu lokalen und globalen Verarbeitungsprozessen der visuellen selektiven Aufmerksamkeit fanden Fink und Mitarb. (1996) eine

Dominanz der linken Hemisphäre für „lokale" und eine rechtshemisphärische Bevorzugung für „globale" Aufmerksamkeit. Als experimentelle Stimuli wurden die von Navon entwickelten Reize verwendet, die aus Buchstaben oder Zahlen (globale Verarbeitung) darstellen, welche selbst wieder
aus zum globalen Stimulus identischen oder anderen Buchstaben oder
Zahlen (lokale Verarbeitung) bestehen (s. Kap. 3.2.1). Die Versuchspersonen sollten hier entweder globale oder lokale Aspekte der gleichen Aufgabe wechselweise beachten. Ausrichtung der Aufmerksamkeit auf die globalen Aspekte aktivierte den rechtsseitigen Gyrus lingualis, Beachtung
der lokalen Aspekte den linken inferioren occipitalen Kortex. Ein „Swit-
chen" zwischen den beiden Aspekten (kognitives Verschieben des Aufmerksamkeitsfokus) kovariierte mit temporo-parietalen Aktivierungen.

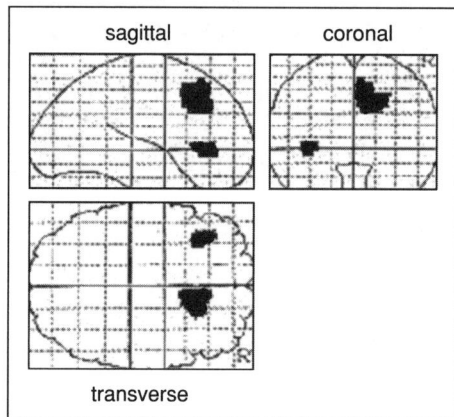

Abbildung 14:
Linksseitige inferior frontale und rechtsseitige anterior cinguläre Aktivierung bei
einer visuell-auditiven Aufgabe zur selektiven Aufmerksamkeit (Wahl-Reaktions-
aufgabe) nach Subtraktion der Aktivierungen bei einer perzeptiv äquivalenten
Alertness-Bedingung.

3.2.2 Visuell-räumliche selektive Aufmerksamkeit

3.2.2.1 Psychologische Theorien

Räumliche Aufmerksam-keits-verschiebung bereitet Kopf- oder Augen-bewegungen im Raum vor

In bestimmten Situationen kann der Aufmerksamkeitsfokus auf eine andere
Quelle gerichtet sein als diejenige, auf die gleichzeitig unsere Wahrneh-
mungsorgane gerichtet sind. So können wir z. B. während einer Party un-
seren Gesprächspartner anschauen und mit ihm reden, gleichzeitig aber
unsere Aufmerksamkeit bewusst auf eine benachbarte Gesprächsrunde len-
ken. Zudem wird unser Aufmerksamkeitsfokus „automatisch" von periphe-
ren, d. h. außerhalb unseres zentralen Gesichtfeldes liegenden, Reizen an-
gezogen und kann auf diese Weise eine Blick- oder Kopfbewegung im
Raum zu einem Objekt oder Ereignis hin vorbereiten (visuell-räumliche
selektive Aufmerksamkeit). Diese Unterscheidung zwischen offener räumlicher Orientierung (overt spatial orienting) und interner, automatischer
oder auch willentlich beeinflusster räumlicher Aufmerksamkeitsverschie-

36

bung (covert shift of attention) wurde ausführlich von Posner und Mitarbeitern (1978, 1984) experimentell untersucht. Bei der räumlichen Ausrichtung der Aufmerksamkeit und räumlichen Verschiebung des visuellen Aufmerksamkeitsfokus lassen sich nach Posner und Mitarbeitern drei unterschiedliche Teilleistungen unterscheiden: Lösung (disengage) vom aktuell beachteten Reiz, Verschieben (shift) des Aufmerksamkeitsfokus und Fixierung (engage) beim neuen Zielreiz. Das experimentelle Paradigma (Abbildung 15) basiert auf im Fixationspunkt dargebotenen räumlichen Hinweisreizen (z. B. nach rechts oder links weisender Pfeil). Diese Hinweisreize verursachen eine verdeckte Verschiebung der Aufmerksamkeit (covert shift of attention) nach rechts oder links und ein leichteres Entdecken von Reizen in der Hälfte des visuellen Felds, zu der die Pfeilspitze zeigte (*valide* Bedingung). Zeigt der Hinweisreiz jedoch in die falsche Richtung (*invalide* Bedingung) verlangsamt sich die Reaktionsgeschwindigkeit auf den Zielreiz, da die Aufmerksamkeit zuerst vom „falschen" Fokus zur richtigen räumlichen Position verschoben werden muss.

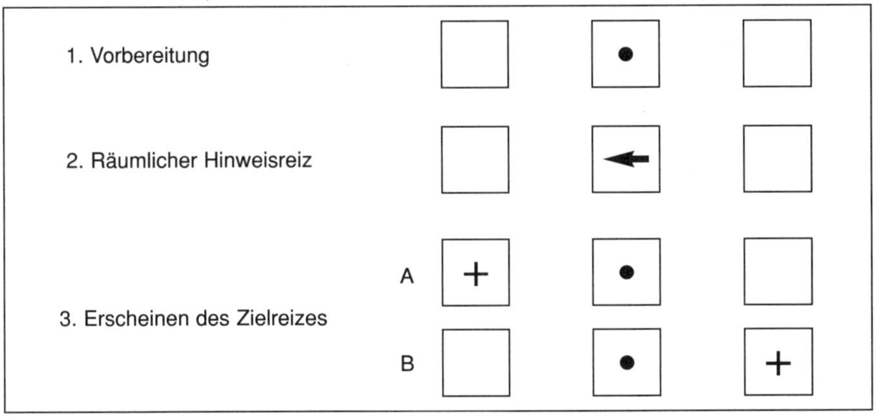

Abbildung 15:
Das von Posner et al. (1978) entwickelte Paradigma zur Untersuchung der räumlichen Aufmerksamkeitsverschiebung. A zeigt eine *valide,* B eine *invalide* Hinweisreizbedingung.

3.2.2.2 Neuropsychologie der räumlichen Aufmerksamkeitsverschiebung

Drei unterscheidbare Stufen der räumlichen Aufmerksamkeitsausrichtung mit spezifischen funktionalen Netzwerken

An der räumlichen Ausrichtung der Aufmerksamkeit und räumlichen Verschiebung des visuellen Aufmerksamkeitsfokus sind nach Posner et al. (1984) drei unterschiedliche Hirnstrukturen beteiligt, deren Schädigung zu spezifischen Ausfällen bei der verdeckten Aufmerksamkeitsverschiebung führen. So scheinen Läsionen im posterioren Parietallappen insbesondere zu Störungen des Lösens (disengage) der Aufmerksamkeit von einem Reiz zu führen, wenn die Aufmerksamkeit zu einem Zielreiz in der Raumhälfte gegenüber der Läsionsseite verschoben werden soll. Läsionen im Colliculus superior beeinträchtigen die Verschiebung der Aufmerksamkeit (shift of attention) zu einem neuen Zielreiz. Patienten mit thalamischen Läsionen, insbesondere im Pulvinar und posterior-lateralen Thalamus haben Schwierigkeiten, den Aufmerksamkeitsfokus auf der kontralateral zur Läsion gelegenen Seite zu fixieren (engage), und lassen sich leicht durch irrelevante Ereignisse an anderen räumlichen Positionen ablenken. Abbildung 16 zeigt eine Darstellung der den drei Komponenten der Aufmerksamkeitsverschiebung zugeordneten Hirnstrukturen.

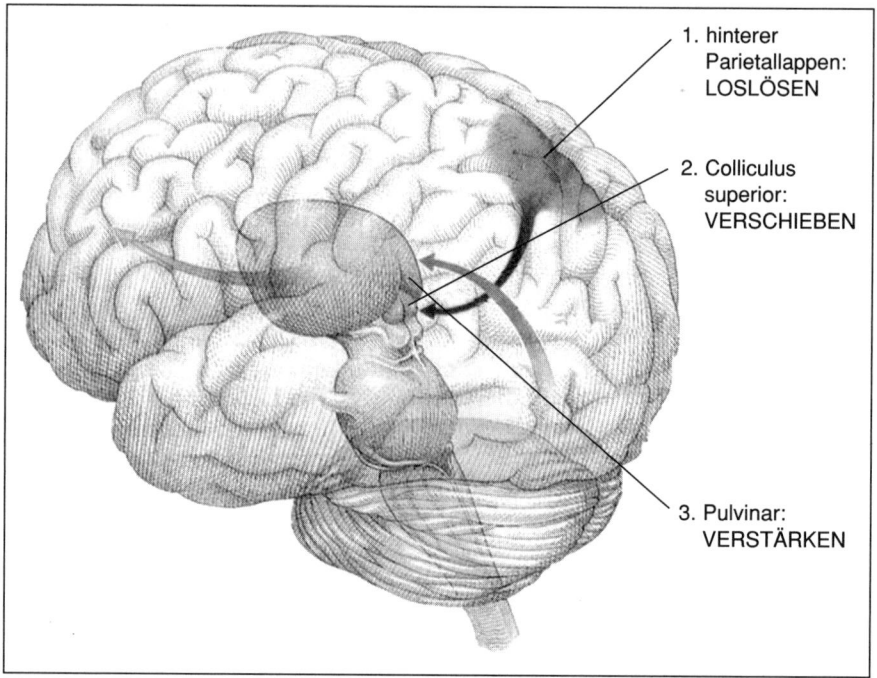

1. hinterer Parietallappen: LOSLÖSEN

2. Colliculus superior: VERSCHIEBEN

3. Pulvinar: VERSTÄRKEN

Abbildung 16:
Die drei an den verschiedenen Stadien der räumlichen Aufmerksamkeitsverschiebung beteiligten Hirnregionen (nach Posner & Raichle, 1994).

3.2.2.3 Funktionelle Bildgebungsstudien zur visuell-räumlichen selektiven Aufmerksamkeit

Auch in PET-Studien wurde die besondere Rolle des oberen Teils des Parietallappens bei der verdeckten Aufmerksamkeitsverschiebung dokumentiert. So führten Corbetta und Mitarbeiter (1993) mit gesunden Versuchspersonen im PET-Scanner ein Experiment durch, bei dem Zielsymbole verfolgt werden mussten, die sich entweder im linken oder im rechten Gesichtsfeld in einer Reihe von Kästchen hin- und herbewegten. Dabei sollte die Aufmerksamkeit im jeweiligen Gesichtsfeld entweder von links nach rechts oder von rechts nach links verschoben werden. Während einer Kontrollaufgabe sollte die Aufmerksamkeit konstant auf die Bildschirmmitte gerichtet werden.

Unabhängig von der Richtung der Aufmerksamkeitsverschiebung zeigte sich bei Stimulation im linken Gesichtsfeld eine Aktivierung im rechten oberen Parietallappen, bei Stimulation im rechten Gesichtfeld kam zu dieser rechtsparietalen Aktivierung eine linksparietale hinzu (s. Abbildung 17). Der Parietallappen der rechten Hemisphäre scheint somit in besonderer Weise an der räumlichen Ausrichtung der Aufmerksamkeit mitzuwirken (s. a. Abbildung 1 in Kap. 2.1). Er wird bei der Ausrichtung der Aufmerksamkeit in beide Gesichtfeldhälften aktiv, der linke Parietallappen jedoch nur bei der Aufmerksamkeits-Ausrichtung ins rechte Gesichtsfeld.

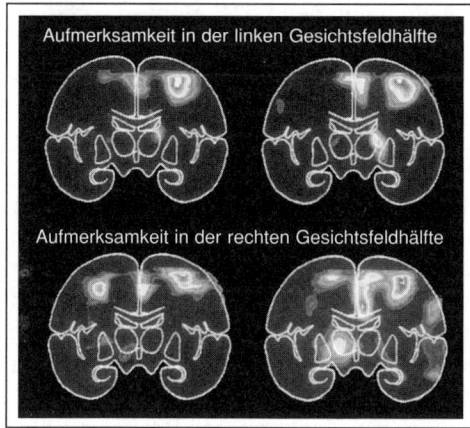

Abbildung 17:
Sowohl eine Verschiebung der Aufmerksamkeit im rechten als auch im linken Gesichtsfeld aktiviert den rechten Parietallappen. Der linke Parietallappen wird nur bei Aufmerksamkeitsausrichtung im rechten visuellen Feld aktiv (nach Posner & Raichle, 1994).

3.2.3 Aufmerksamkeits(ver)teilung

3.2.3.1 Psychologische Theorien

Die komplexesten Anforderungen an die Aufmerksamkeitsselektivität werden unter Bedingungen der *geteilten Aufmerksamkeit* gestellt. Eine *Teilung* oder *Verteilung der Aufmerksamkeit* (divided attention) wird in so genannten „Dual Task-Aufgaben" verlangt, in denen die Versuchsperson simultan zwei Informationskanäle überwachen muss. Sie soll dabei relevante Ereignisse, die in jeweils einem der beiden Kanäle oder in beiden gleichzeitig auftauchen, so rasch wie möglich entdecken. Das Konzept der geteilten Aufmerksamkeit ist eng mit der Vorstellung einer beschränkten Aufmerksamkeitskapazität gekoppelt. Schon Shiffrin und Schneider (1977) hatten in ihrem Modell (s. Abbildung 7) den Begriff des „Divided Attention De-

Begrenzte Fähigkeit zur Aufmerksamkeitsteilung infolge limitierter Verarbeitungskapazität

ficit" eingeführt. Ein solches Defizit der „Aufmerksamkeitsteilung" wird nach den Autoren durch die limitierte Kapazität des aufmerksamkeitsabhängigen Systems der kontrollierten Verarbeitung verursacht. Wenn wir in zu schneller Abfolge zu viele wichtige Informationen verarbeiten müssen, kommt es zu partiellen Ausfällen des Systems. Wichtige Informationen werden dann nicht bemerkt oder die richtige und benötigte Serie von Reaktionen kann nicht ausgeführt werden. Diese Problematik tritt im Alltag häufig auf, z. B. wenn wir versuchen, einer schwierigen Argumentation zu folgen oder wenn wir beginnen, eine neue Aufgabe zu erlernen. Die Einschränkungen des Systems werden besonders dann offensichtlich, wenn wir versuchen, zwei Aufgaben gleichzeitig zu bearbeiten und so die Kapazität der kontrollierten Verarbeitung zwischen zwei Informationsquellen oder zwei Reaktionsweisen (ver)teilen müssen. Wickens (1984) untersuchte diese Annahmen eingeschränkter Verarbeitungskapazität genauer, indem er die Interferenz zwischen ganz unterschiedlichen, gleichzeitig ausgeführten Aufgaben bestimmte. Zwei Aufgaben, die in der gleichen Sinnesmodalität angeboten werden oder auf gleichen Aufgabentypen (z. B. räumlich, verbal) basieren bzw. identische Reaktionsweisen (z. B. manuell, vokal) verlangen, interferieren stärker miteinander als Aufgaben mit unterschiedlichen Stimulus- und Reaktionsqualitäten. Wickens erstellte aus diesen Ergebnissen ein mehrdimensionales Modell „multipler Ressourcen" (Abbildung 18). Nach diesem Modell teilen sich Aufgaben, die innerhalb dieses Modells benachbart sind, ihre Verarbeitungsressourcen und interferieren daher stark miteinander. Unähnliche Aufgaben oder Reaktionsweisen verfügen dagegen über eigene Ressourcen und können daher leichter „parallel" ausgeführt werden. Wenngleich dieses Modell Gefahr läuft, in seiner Argumentation zirkulär zu sein (die Identifikation von Ressourcen und ihre begrenzte Verfügbarkeit wird durch die Interferenz zwischen verschiedenen Aufgaben vorgenommen, die Interferenz wird auf der anderen Seite durch die limitierte Verfügbarkeit der Ressourcen erklärt; s. a. van Zomeren und Brouwer 1994, S. 28) hat es dennoch brauchbaren heuristischen Wert für die Beschreibung der zweifellos auftretenden Interferenzeffekte bei „dual task"-Paradigmen.

Wickens: ähnliche Aufgaben und Reaktionsweisen interferieren stärker als unähnliche

Geteilte Aufmerksamkeit und zentrale Exekutive

Die Fähigkeit zur Teilung oder Verteilung der Aufmerksamkeit (divided attention) wird häufig der zentralen Exekutive des Arbeitsgedächtnisses zugeschrieben (Baddeley, 1986, 1993), deren Analogon das von Shallice (1982) postulierte *Supervisory Attentional System* (*SAS*, s. Kap. 3.2.1.1) ist. Hier werden Informationen vor allen Dingen in neuen und komplexen, nicht routinemäßig zu lösenden Situationen koordiniert und kontrolliert.

3.2.3.2 Neuropsychologie der Aufmerksamkeits(ver-)teilung

Tierexperimentelle Studien (Goldmann-Rakic, 1987) und Untersuchungen an Patienten nach schwerem Schädelhirntrauma (McDowel et al., 1997; van Zomeren & van den Burg, 1985) oder bei Patienten mit Ruptur von Aneurys-

40

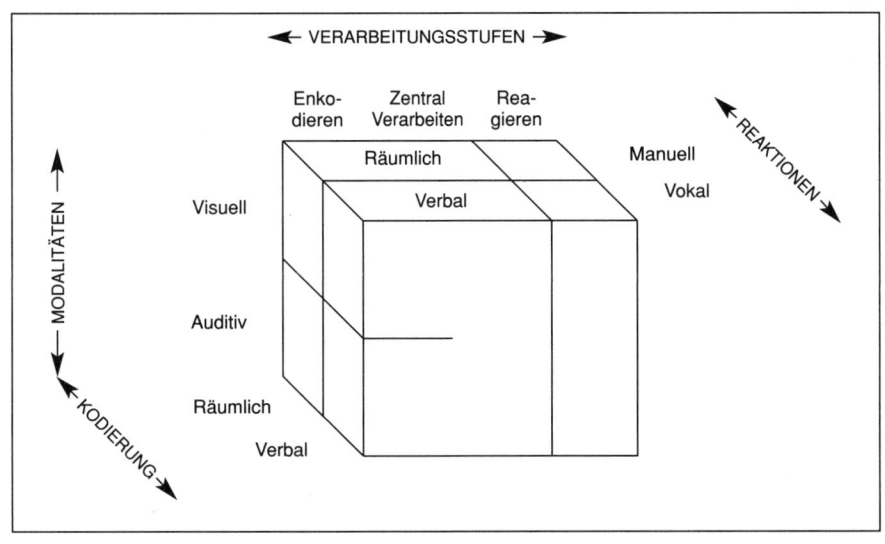

Abbildung 18:
Modell „multipler Ressourcen" (multiple recources model) der Aufmerksamkeit
(nach Wickens, 1984).

men der anterioren A. communicans (Rousseaux et al., 1996) zeigen, dass Leistungen der Aufmerksamkeitsteilung in hohem Maße von Frontalhirn-Funktionen abhängig sind.). Diese Ergebnisse stützen die Hypothese eines frontalen „Supervisory Attentional System", wie sie von Shallice (1988) aufgestellt wurde. Die funktionelle Ähnlichkeit eines solchen Systems mit der von Baddeley (1986) vorgestellten zentralen Exekutive (central executive) des Arbeitsgedächtnisses ist unverkennbar und wird von den Autoren in neueren Veröffentlichungen ausdrücklich betont (z. B. Baddeley 1993).

3.2.3.3 Funktionelle Bildgebungsstudien zur geteilten Aufmerksamkeit

PET-Aktivierungsstudien bei Gesunden führten bei Aufgaben zur Aufmerksamkeitsteilung entweder zu bilateralen (Madden et al., 1997), rechts unilateralen präfrontalen (Corbetta et al., 1991; Johannsen et al., 1997), aber auch zu links präfrontalen Aktivierungen, z. T. unter Beteiligung des anterioren cingulären Kortex.

In einer eigenen fMRI-Aktivierungsstudie sollten gesunde Versuchspersonen entweder gleichzeitig zwei visuelle, zwei auditive oder eine visuelle und eine auditive Aufgabe bearbeiten. Nach dem Ressourcen-Modell von Wickens (s. Kap. 3.2.1.1) sind zwei Aufgaben umso schwieriger gleich-

41

zeitig durchzuführen, je mehr sie auf die gleichen Verarbeitungsressourcen zurückgreifen (strukturelle Interferenz). Die Koordination von miteinander interferierenden Aufgaben erfolgt nach Norman und Shallice (1986) durch das „Supervisory Attentional System (SAS)", dessen Lokalisation von den Autoren im frontalen Kortex angenommen wird (s. Kap. 3.2.3.1 und 3.2.3.2). Sofern diese Annahme stimmt, müssten zwei Aufgaben, die in der gleichen Modalität angeboten werden (z. B. zwei visuelle Aufgaben) zu ihrer Durchführung eine wesentlich höhere „top-down"-Kontrolle, d. h. eine stärkere Beteiligung des SAS und somit frontaler Strukturen benötigen als zwei Aufgaben in unterschiedlichen sensorischen Modalitäten. Es wäre dann zu erwarten, dass bei einer Subtraktion der unter visuell-auditiver Aufgabenstellung erzielten Aktivierungen von den Aktivierungen bei auditiv-auditiven bzw. visuell-visuellen (d. h. unimodalen) Aufgaben frontale Aktivierungen „übrig" bleiben müssten. Umgekehrt sollte eine Subtraktion der Aktivierungen bei Dual-Task-Aufgaben in der gleichen Sinnesmodalität von den Aktivierungen bei „unimodalen" Aufgaben alle frontalen Aktivierungen „herauskürzen". Abbildung 19 zeigt, dass genau der umgekehrte Fall eintritt.

Bifrontale Steuerung der Aufmerksamkeitsteilung?

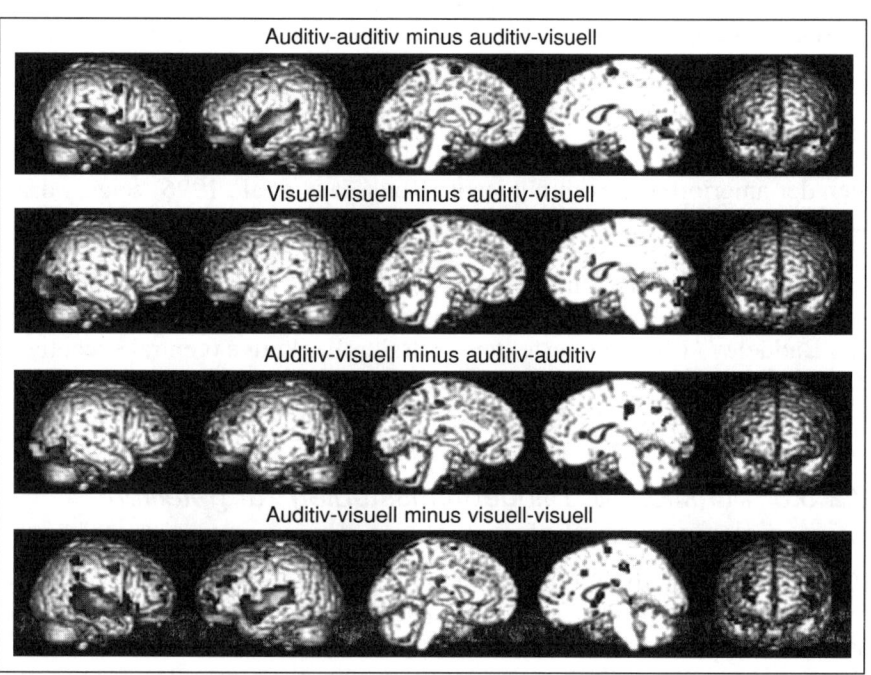

Abbildung 19:

Kontraste zwischen Aktivierungen bei unimodaler minus bimodaler (oben) bzw. bimodaler minus unimodaler „Dual-Task"-Aufgabenstellung (unten). Entgegen den Erwartungen nach dem Modell von Wickens zeigen bimodale Aufgaben deutlichere bilaterale frontale Aktivierungen als unimodale, die nach Subtraktion der unimodalen Bedingung „übrig" bleiben (untere zwei Bilderserien).

42

Diese Ergebnisse scheinen dem Modell zu widersprechen. Wickens hat allerdings nie Vorhersagen über die Beteiligung diskreter Hirnstrukturen an Aufmerksamkeitsleistungen gemacht. Möglicherweise reflektieren die deutlicheren bifrontalen Aktivierungen unter der „bimodalen", d. h. in zwei verschiedenen Sinnesmodalitäten dargebotenen „Dual-Task"-Bedingung lediglich eine erhöhte Anforderung an die sensorische Koordination dieser beiden Bedingungen bzw. die Notwendigkeit des „Switchens" von einer Modalität zur anderen und somit eine stärkere Anforderung an die kognitive Flexibilität.

Loose und Mitarbeiter (2003) fanden während der Ausführung der visuell-auditiven Aufmerksamkeitsteilungsaufgabe aus der TAP (Testbatterie zur Aufmerksamkeitsprüfung; Zimmermann & Fimm, 1997) im fMRI eine links präfrontale Aktivierung. Gleichzeitig nahm im Gegensatz zu einfacher Aufgabenstellung (nur visuelle bzw. nur auditive Teilaufgabe) die Aktivierung während der Aufmerksamkeitsteilung in den sensorischen Verarbeitungsgebieten ab. Die Autoren interpretieren dies als Ausdruck einer begrenzten Verarbeitungskapazität unter Aufmerksamkeitsteilungsbedingungen.

Tabelle 4:

Aufmerksamkeitsdimensionen und -bereiche und funktionale Netzwerke.

Dimension	Bereich	Netzwerk
Intensität	**Aufmerksamkeitsaktivierung (Alertness)** (intrinsisch, tonisch und phasisch) **Daueraufmerksamkeit, Vigilanz**	Hirnstammanteil der formatio reticularis, insbesondere noradrenerge Kerngebiete, dorsolateraler präfrontaler und inferiorer parietaler Kortex der rechten Hemisphäre, intralaminare und retikuläre Thalamuskerne, anteriorer Anteil des Gyrus Cinguli
Selektivität	**Selektive oder fokussierte Aufmerksamkeit**	Dorsolateraler und inferiorer frontaler Kortex insbesondere der linken Hemisphäre (Inhibition?), fronto-thalamische Verbindungen zum nucleus reticularis des Thalamus, anteriores Cingulum (?)
	Visuell-räumliche selektive Aufmerksamkeit, Wechsel des Aufmerksamkeitsfokus	Inferiorer Parietalkortex, deutlicher rechts! (disengage), colliculi superiores (shift), posterior-lateraler Thalamus, insb. Pulvinar (engage)
	Geteilte Aufmerksamkeit	Präfrontaler Kortex (bilateral), vordere Abschnitte des Cingulum

In Tabelle 4 wird zusammenfassend der Versuch unternommen, den in Kap. 1 und 3 definierten Aufmerksamkeitsdimensionen und -bereichen die entsprechenden funktionalen Netzwerke zuzuordnen. Diese Einteilung kann angesichts der rasanten Entwicklung in der funktionellen Bildgebung zu Aufmerksamkeitsfunktionen jedoch nur heuristisch sein.

4 Diagnostik

Differenzierte Diagnostik aller Aufmerksamkeitsfunktionen

Einer sicheren Diagnose von Aufmerksamkeitsstörungen kommt bei der Rehabilitation eine große Bedeutung zu. Diese setzt jedoch voraus, dass entsprechende spezifische und sensible Testverfahren zur Verfügung stehen. Durch die vielfältigen Facetten der Aufmerksamkeitsstörungen und anhand der Tatsache, dass die Aufmerksamkeitsleistungen meist mit anderen Defiziten, z. B. Wahrnehmungsstörungen, Störungen des Gedächtnisses oder Sprachstörungen, konfundiert sind, ist eine sichere Diagnose keine triviale Aufgabe.

Die eingehende diagnostische Untersuchung der unterschiedlichen Aufmerksamkeitsfunktionen ist Aufgabe des Neuropsychologen, da nur eine genaue Kenntnis der psychologischen und neuropsychologischen Theorien und der Paradigmen, die den Untersuchungsverfahren zu Grunde liegen sowie der funktionellen Netzwerke, die Aufmerksamkeitsleistungen kontrollieren, eine kompetente Diagnoseerstellung gewährleisten.

Insbesondere bei neuropsychologischen Gutachten sollte jeder der in Tabelle 1 (Kap. 1.1.1) dokumentierten Aufmerksamkeitsbereiche berücksichtigt werden. Auch bei der Untersuchung der Fahreignung nach Hirnschädigung spielen Aufmerksamkeitsleistungen eine besondere Rolle. Jede Untersuchung bei Verdacht auf Aufmerksamkeitsstörungen sollte mindestens je ein Verfahren zur Aufmerksamkeitsintensität (z. B. Alertness-Test, ggf. je einmal am Anfang und am Ende der Untersuchung zur Erfassung von Ermüdungstendenzen und Belastbarkeitsstörungen, s. Kap. 4.1.1.1) und zur Selektivität (z. B. Untersuchung der Aufmerksamkeitsteilung mit separater Beurteilung der einzelnen Aufgabenkomponenten, s. Kap. 4.1.2.3) umfassen. Rechtshemisphärische, insbesondere parietale Schädigungen sollten immer (auch bei klinisch nicht auffälligem Neglect) zu einer Untersuchung der räumlichen Ausrichtung der Aufmerksamkeit führen.

4.1 Diagnostische Verfahren und Dokumentationshilfen

Computer gestützte Untersuchungsverfahren

Die folgende Aufstellung relevanter Untersuchungsverfahren zu den verschiedenen Aufmerksamkeitsbereichen kann keinen Anspruch auf auch nur annähernde Vollständigkeit erheben. Nach Möglichkeit wurden besonders

44

prototypische und nur solche Verfahren ausgewählt, welche ein Mindestmaß an psychologischen Testgütekriterien erfüllen. Da die Qualität von Aufmerksamkeitsleistungen oft in besonders hohem Maße von der Geschwindigkeit der Aufgabenverarbeitung, z. T. sogar von Reaktionszeitmessungen im Millisekundenbereich abhängt, haben sich in den letzten Jahren insbesondere computergestützte Verfahren etabliert, die neben einer Fehleranalyse auch diese zeitabhängigen Aufmerksamkeitsparameter genau und zuverlässig messen können.

4.1.1 Aufmerksamkeitsintensität

4.1.1.1 Aufmerksamkeitsaktivierung (Alertness)

Typische Aufgaben zur Untersuchung der kurzfristigen Aufmerksamkeitsaktivierung (Alertness) sind einfache visuelle oder auditive Reaktionsaufgaben. Diese können mit oder ohne Vorgabe eines Warnreizes vor dem Reaktionsstimulus dargeboten werden. Die Reaktionszeit-Differenz zwischen diesen beiden Bedingungen gilt als Maß für die kurzfristige *phasische Aufmerksamkeitsaktivierung,* d. h. die Fähigkeit, auf einen Warnreiz hin das Aufmerksamkeitsniveau kurzfristig zu verbessern.

Alertness-Diagnostik: einfache Reaktionszeitmessungen

Als wichtigstes Maß zur Untersuchung der Fähigkeit, für eine Aufgabe ein optimales Maß an Aufmerksamkeitsaktivierung zur Verfügung zu stellen („intrinsische Alertness"), muss jedoch die Erfassung der Reaktionsgeschwindigkeit ohne Vorgabe eines Warnreizes angesehen werden, da nur unter dieser Bedingung das Ausmaß der Aktivierung ausschließlich probandenbestimmt ist. Mit Hilfe von Reaktionszeiten ohne Warnreiz kann auch der Verlauf der *tonischen Aufmerksamkeitsaktivierung,* deren Intensität durch den physiologischen Zustand des Organismus bestimmt wird, über den Tag hinweg erfasst werden. Aufgrund dieser Schwankungen sind z. B. in der Zeit von 13–15 Uhr keine optimalen Ergebnisse für die intrinsische Alertness zu erwarten.

Einfache Reaktionsaufgaben finden sich im Wiener Testsystem (Wiener Reaktionsgerät) und in der Testbatterie zur Aufmerksamkeitsprüfung (Zimmermann & Fimm, 1997; s. a. Kap. 4.1.3), wobei nur Letztere eine Erfassung der phasischen Alertness ermöglicht. *Achtung: Bei Patienten mit Störungen der Aufmerksamkeits-Selektivität kann der zur Provokation der phasischen Alertness-Steigerung benutzte Warnreiz als Störreiz wirken und so eher zu einer Reaktionsverlangsamung führen, da die Patienten Probleme haben, Reaktionen bereits auf den Warnreiz hin zu unterdrücken (Inhibitionsstörung).*

Papier- und Bleistift-Tests zur Erfassung der „Informationsverarbeitungsgeschwindigkeit" wie z. B. der Zahlenverbindungstest ZVT (Oswald & Roth, 1987) oder Trail-Making-Test (Teil A; Reitan, 1958) werden zwar häufig ebenfalls für diesen Funktionsbereich eingesetzt, lassen aber eine „reine" Erfassung der Aufmerksamkeitsaktivierung kaum zu, da zu ihrer Durchführung neben dem Verarbeitungstempo auch andere Faktoren wie räumliches Suchen (s. Kap. 4.1.2.2.), Zahlenverarbeitung und motorische Leistungen erforderlich sind.

Die Frage nach Ermüdbarkeit und Belastbarkeit eines Patienten lässt sich oft durch wiederholte Untersuchung mit Hilfe von Reaktionszeitmessungen (z. B. UT Alertness aus der TAP, Reaktionsgerät des Wiener Testsystems) beantworten. Ein Vergleich der Leistung bei derartigen Tests zu Beginn und ganz zum Ende einer mehrstündigen neuropsychologischen Untersuchung mit deutlichem Leistungsabfall bei der zweiten Messung ist als Hinweis auf verringerte Belastbarkeit zu werten, da Probanden ohne Störung der Belastbarkeit hier kaum Leistungseinbußen zeigen. Im Normalfall ist sogar eher mit einer Leistungssteigerung auf Grund von Übungseffekten zu rechnen.

4.1.1.2 Längerfristige Aufmerksamkeitszuwendung

Bei der längerfristigen Aufmerksamkeitszuwendung unterscheidet man zwischen Aufgaben zur *Daueraufmerksamkeit* und zur *Vigilanz*.

Der Untertest „Daueraufmerksamkeit" des Wiener Testsystems verlangt vom Probanden, über eine längere Zeit hinweg auf dem Bildschirm eine Reihe von 7 gleichgroßen Dreiecken zu beobachten, deren Spitzen entweder nach oben oder nach unten zeigen. Alle 2 Sekunden wechselt die Stimulusanordnung. Der Proband soll reagieren, wenn genau 3 der 7 Dreiecke mit ihrer Spitze nach unten zeigen.

Vigilanzaufgaben müssen definitionsgemäß sehr eintönig sein. Mit den Untertests „Vigilanz optisch/akustisch" der TAP können Probanden sowohl in der visuellen als auch in der auditiven Modalität auf ihre Vigilanzleistungen hin über dreißig Minuten hinweg untersucht werden. Ein vergleichbares Verfahren für die visuelle Modalität existiert auch innerhalb des Wiener Testsystems.

Alle diese Verfahren umfassen neben der „reinen" Erfassung der Daueraufmerksamkeit oder Vigilanz auch elementare Aspekte der Selektivität, da stets zwischen wichtigen und unwichtigen Aufgabenbestandteilen unterschieden werden muss. Erhöhte Fehlerzahlen sind daher meist nicht als Störung der Aufmerksamkeitsintensität sondern (zumindest partiell) als Störung der Selektivität zu beurteilen. Der Konzentrations-Leistungs-Test (KLT-R, Lukesch & Mayrhofer, 2001, s. Tabelle in hinterer Buchklappe) setzt darüber hinaus eine ausreichende Rechenfertigkeit voraus, da hier die Daueraufmerksamkeit (von den Autoren „Konzentrationsfähigkeit" genannt) über das Lösen einfacher Rechenaufgaben geprüft wird. Er ist daher sicher für viele Patienten mit multiplen Störungen weniger gut geeignet.

Eine tabellarische Auflistung von Untersuchungsverfahren zur Aufmerksamkeitsintensität findet sich auf der Einsteckkarte am Ende des Buches.

4.1.2 Aufmerksamkeitsselektivität

4.1.2.1 Selektive oder fokussierte Aufmerksamkeit

Eine Untersuchung der selektiven oder fokussierten Aufmerksamkeit, d. h. der Fähigkeit, rasch und richtig auf relevante Reize zu reagieren und sich nicht von irrelevanten Aspekten einer Aufgabe oder von Störreizen ablenken zu lassen, erfolgt typischerweise mit Hilfe von Aufgaben, die rasche Selektionsprozesse auf der Reiz- und/oder auf der Reaktionsseite erfordern. Relevant sind hier auch Arbeitsgedächtnisprozesse zur Abspeicherung der Stimulusbedingungen und die Fähigkeit des Probanden, Reaktionen auf Störreize aktiv zu unterdrücken. Häufig werden Wahl-Reaktionsaufgaben zur Untersuchung dieses Aspekts der selektiven Aufmerksamkeit verwendet. Je komplexer die Wahlmöglichkeiten bei dem jeweiligen Verfahren sind, umso sensitiver scheint es bei der Erfassung von Störungen der selektiven Aufmerksamkeit insbesondere bei Schädigungen der linken Hirnhälfte zu sein (s. Kap. 3.2.1). Wahlmöglichkeiten sowohl auf der Reiz- als auch auf der Reaktionsseite bietet z. B. das Wiener Determinationsgerät aus dem Wiener Testsystem, während die Wahlreaktionsaufgabe aus dem gleichen Testsystem oder der Subtest „Go/NoGo aus der TAP (s. Kap. 4.1.3) lediglich eine Reizselektion fordern. Bei Patienten mit Hemiparese oder Hemiplegie oder anderen motorischen Beeinträchtigungen sind Wahlreaktionsaufgaben, die eine Selektion der motorischen Antwort fordern, oft weniger gut geeignet, insbesondere wenn zwischen den beiden Händen und evtl. auch noch zwischen Hand- und Fußreaktion rasch gewechselt werden muss.

Selektive Aufmerksamkeit: Wahlreaktions-Aufgaben oder „Konzentrations-Tests"

Alle apparativen bzw. computergestützten Tests zur selektiven Aufmerksamkeit geben als Messwerte sowohl die Reaktionszeiten als auch Fehler- bzw. Auslassungszahlen an. Sowohl rasche als auch richtige Reaktionen sind wichtige Parameter für eine gute Leistung bei der selektiven Aufmerksamkeit. Zeigen Patienten allerdings schon bei einfachen Reaktionsaufgaben deutlich verlangsamte Reaktionszeiten, sind Reaktionszeitbeeinträchtigungen bei komplexeren Aufmerksamkeitstests eher als Störung der „Alertness" zu interpretieren. Hier ist dann in erster Linie die Fehlerzahl zur Beurteilung der Selektivität relevant. Es kann bei Patienten mit Alertnessbeeinträchtigungen allerdings auch vorkommen, dass sie bei komplexeren Anforderungen geringere Reaktionszeitdefizite zeigen als bei typischen „Alertnesstests". Dies liegt in der höheren „extrinsischen" Stimulierung der Patienten bei höheren Aufgabenanforderungen begründet und darf nicht als Hinweis auf eine ungestörte kognitive Kontrolle der „intrinsischen", d. h. intern gesteuerten Aufmerksamkeitsaktivierung interpretiert werden.

Als Papier- und Bleistifttests zur Erfassung der fokussierten Aufmerksamkeit („Konzentrationsfähigkeit") dienen meist Durchstreichtests. Bei diesen Tests sind über einen kurzen Zeitraum hinweg in Störreize eingebettete Buchstaben oder Zeichen herauszufinden und zu markieren. Auch hier können Probleme bei der Buchstaben- und/oder Zahlenerkennung z. B. beim Test d2 oder beim Revisionstest mit der eigentlichen Aufmerksamkeitsleistung interferieren. Es sind daher grundsätzlich Verfahren vorzuziehen, die möglichst geringe Anforderungen an die semantische oder rechnerische Verarbeitung des verwendeten Materials stellen.

Interferenz-anfälligkeit Ein Verfahren, welches zur Prüfung spezieller Aspekte der selektiven Aufmerksamkeit, nämlich der Anfälligkeit gegen Interferenz geeignet erscheint und Konflikte zwischen automatisierter und kontrollierter Verarbeitung im Sinne von Shallice (1982) oder Shiffrin und Schneider (1977) prüft, ist der „Stroop"-Test, der in einer deutschen Version von Bäumler (1985) als Farbe-Wort-Interferenz-Test vorliegt und auch Bestandteil des Nürnberger-Alters-Inventars (NAI, Oswald & Fleischmann, 1997) ist. Der Test besteht aus drei Teilen:

– einer Liste mit Farbnamen, die möglichst schnell gelesen werden sollen,
– einer Liste mit Farbstrichen, deren Farbe möglichst rasch zu benennen ist und
– einem „Interferenz"-Teil. Die Interferenzbedingung enthält eine Liste mit Farbnamen, die aber jeweils in einer dem Farbnamen nicht entsprechenden Farbe gedruckt sind (z. B. das Wort „Gelb" in blauer Druckfarbe). Der Proband soll hier so schnell wie möglich die Druckfarbe nennen, ohne das Wort laut zu lesen.

Das Verfahren prüft, in welchem Ausmaß automatisierte Verarbeitungsstrategien (hier: das Dekodieren der Wortbedeutung) mit der kontrollierten Verarbeitung (hier: die geforderte Benennung der Druckfarbe des jeweiligen Wortes) beim Probanden miteinander in Konflikt geraten *(Achtung: für Patienten mit Sprachstörungen ungeeignet)*.

4.1.2.2 Visuell-räumliche selektive Aufmerksamkeit, Verschiebung des Aufmerksamkeitsfokus

Räumliches Verschieben des Aufmerksamkeitsfokus Die Fähigkeit, die Aufmerksamkeit räumlich zu bestimmten Zielreizen hin zu „verschieben" (Covert Shift of Attention) wird mit Hilfe des Untertests „Verdeckte Aufmerksamkeitsverschiebung" aus der Testbatterie zur Aufmerksamkeitsprüfung (TAP) erfasst. Bei dieser Aufgabe soll der Aufmerksamkeitsfokus entsprechend einem im zentralen Fixationspunkt dargebotenen Hinweisreiz (nach links oder rechts zeigender Pfeil) in die rechte oder linke Raumhälfte verschoben werden.

Rasches räumliches Suchen wird auch in verschiedenen Papier- und Bleistifttests verlangt: im Zahlenverbindungstest (ZVT, Oswald & Roth, 1987) und im Trail-Making-Test Teil A (TMT; Reitan, 1958) sollen möglichst rasch die in unregelmäßiger Abfolge und räumlich verteilt auf die Testvorlage aufgedruckten Zahlen in aufsteigender Folge miteinander verbunden werden. Es gelten aber auch hier grundsätzlich die bereits in Kap. 4.1.1.1 zu diesen Tests dargestellten Vorbehalte.

4.1.2.3 Geteilte Aufmerksamkeit, kognitive Flexibilität

Die Fähigkeit zur Aufmerksamkeitsteilung ist von Verarbeitungsressourcen und von der Qualität der verschiedenen Aufgaben, welche miteinander kombiniert werden sollen, bestimmt. Je ähnlicher die Aufgaben sind, umso mehr Interferenz entsteht zwischen ihnen (Wickens, 1984). Die meisten Aufgaben zur Prüfung der Aufmerksamkeitsteilung sind so genannte Dual-Task-Aufgaben und tragen Merkmale von „Supervisory attentional control", d. h. der Fähigkeit, flexibel mit konkurrierenden Informationen umzugehen und das richtige Antwortschema auszuwählen. Im Alltag ist die Fähigkeit zur Aufmerksamkeitsteilung z. B. beim Autofahren relevant, da hier meist gleichzeitig mehrere „Informationsströme" beachtet werden müssen.

„Dual-Task"-Aufgaben

Der TAP-Untertest „Geteilte Aufmerksamkeit" verlangt vom Probanden, den Bildschirm nach bestimmten Mustern abzusuchen und gleichzeitig Unregelmäßigkeiten in einer Abfolge hoher oder tiefer Töne zu entdecken. Bei der Auswertung der Ergebnisse ist insbesondere darauf zu achten, ob Auslassungsfehler sich über beide Teilaufgaben in gleicher Weise verteilen oder in einer Modalität gehäuft auftreten. In letzterem Fall erlaubt die TAP eine separate Untersuchung beider Stimulussequenzen. Sollten auch unter dieser Darbietungsweise gehäuft Fehler in der gleichen Modalität auftreten, ist eher von einer modalitätsspezifischen Beeinträchtigung der selektiven Aufmerksamkeit auszugehen als von einem Defizit bei der Aufmerksamkeits(ver)teilung. Ist bei separater Darbietung jedoch die Auslassungszahl wesentlich geringer, kann man die Ergebnisse unter der Aufmerksamkeitsteilungsbedingung so interpretieren, dass der Patient auf Grund einer eingeschränkten Aufmerksamkeitskapazität die Aufgabe nur dann bewältigen kann, wenn er einen „Reizkanal" mehr oder weniger vernachlässigt.

In Teil B des Trail-Making-Tests sollen die Probanden möglichst rasch die räumlich verteilt auf der Testvorlage aufgedruckten Zahlen 1 bis 13 bzw. die Buchstaben a bis l in aufsteigender Folge miteinander verbinden, wobei ständig zwischen Zahlen und Buchstaben gewechselt wird (z. B. 1-a-2-b usw.). Bei Form A des Tests (s. 4.1.2.2) brauchen lediglich die Zahlen verbunden zu werden. Die Differenz der Verarbeitungszeit zwischen Form A und B dient als Maß für die Fähigkeit zur Aufmerksamkeitsteilung.

Der PASAT (Paced Auditory Serial Addition Task) nach Gronwall (1977) ist eine auditive Aufgabe zur Aufmerksamkeitsteilung. Die Zahlen von 1 bis 9 werden dem Probanden in unregelmäßiger Reihenfolge mit der Auflage präsentiert, die letztgenannte Zahl immer zur vorhergehenden hinzuzuaddieren. Das Resultat muss laut gesagt und unmittelbar danach wieder vergessen werden, da die nächste Zahl sofort wieder zur vorhergehenden Zahl addiert werden soll – nicht zum Zwischenergebnis! Ein starker Zusammenhang mit der von Baddeley postulierten „exekutiven Kontrolle" des Arbeitsgedächtnisses liegt hier nahe. Problematisch ist bei dieser Aufgabe die starke Abhängigkeit von der Rechenfertigkeit des Probanden. Insbesondere bei sehr kurzen Darbietungszeiten ist der Test Patienten (und Untersuchern) kaum zuzumuten!

Kognitive Flexibilität

Eng im Zusammenhang mit der Fähigkeit, die Aufmerksamkeit auf verschiedene Aufgaben zu verteilen, steht das Konzept der *kognitiven Flexibilität*. Hierbei geht es um einen schnellen Wechsel des Aufmerksamkeitsfokus zwischen verschiedenen Informationsquellen (z. B. „Cross-Modal Shift of Attention"), ggf. auch mit Anforderungen an einen Wechsel auf der Reaktionsseite, was solche Verfahren wieder anfällig gegen Verfälschungen der Ergebnisse bei motorischen Störungen oder Beeinträchtigungen der motorischen Planung und Koordination macht. In der TAP ist diese Funktion im Untertest „Reaktionswechsel" repräsentiert.

Eine Tabelle mit Untersuchungsverfahren zur Aufmerksamkeitsselektivität findet sich auf einer Steckkarte in der hinteren Buchklappe.

4.1.3 Testbatterien

Testbatterie zur Aufmerksamkeitsprüfung: TAP

Die von Zimmermann und Fimm erstmalig 1992 vorgestellte Testbatterie zur Aufmerksamkeitsprüfung (TAP) stellt den Versuch dar, alle theoretisch relevanten Aufmerksamkeitsfunktionen mithilfe einer computergestützt dargebotenen Testbatterie diagnostisch zu erfassen. Da die TAP mittlerweile in der BRD zum „Standard" neuropsychologischer Untersuchungen gehört, soll sie hier exemplarisch für ähnliche Testsammlungen noch einmal komplett dargestellt werden, obwohl einzelne Untertests bereits in den vorigen Kapiteln unter spezifischen Aufmerksamkeitsfunktionen erwähnt wurden. Die TAP enthält folgende Einzeltests:

1. Alertness
2. Arbeitsgedächtnis (in 3 Schwierigkeitsabstufungen)
3. Augenbewegung
4. Gesichtsfeld- bzw. Neglectprüfung
5. Geteilte Aufmerksamkeit (mit 2 Vortests)
6. Go/Nogo-Test (in 2 Varianten)
7. Inkompatibilität
8. Intermodaler Vergleich
9. Reaktionswechsel (in 2 Varianten)
10. Verdeckte visuelle Aufmerksamkeitsverschiebung
11. Vigilanztest (in 4 Varianten)
12. Visuelles Scanning

50

Die Entwicklung dieser Tests orientierte sich primär an den Bedürfnissen der *neuropsychologischen Diagnostik,* welche durch die z. T. hohe Spezifität der Ausfälle, sowie durch die meist gegebene multiple Schädigung der Patienten besondere Anforderungen an die entsprechenden Testverfahren stellt. Dies schlägt sich insbesondere in der Wahl von Verfahren mit geringer Komplexität nieder, durch welche einerseits umschriebene Teilfunktionen geprüft und andererseits die Beeinträchtigung der Testleistung durch sensorische und/oder motorische Ausfälle, Gedächtnisstörungen, Sprachstörungen oder andere Defizite so weit wie möglich ausgeschlossen werden. Daher wurden als Tests einfache Reaktionsparadigmen gewählt, in denen selektiv auf gut diskriminierbare, meist sprachfreie Reize durch einen einfachen Tastendruck zu reagieren ist. Kriterien für die Leistungsfähigkeit sind die Reaktionszeit und eventuell begangene Fehler.

Zu der Mehrzahl der Verfahren liegen Normwerte von normalgesunden Kindern, Jugendlichen und Erwachsenen vor.

Beschreibung der Verfahren:

Alertness: Dieses Verfahren prüft das allgemeine Aktivierungsniveau sowie die Fähigkeit zur phasischen Anhebung des Aufmerksamkeitsniveaus mithilfe einfacher visueller Reaktionszeitmessungen mit bzw. ohne auditiven Warnreiz. Von besonderem Interesse ist bei diesem Verfahren auch der Verlauf der Einzelreaktionszeiten, da dieser Hinweise auf kurzzeitige Ausfälle der Aufmerksamkeitszuwendung aufdeckt („lapses of attention").

Arbeitsgedächtnis: Die veränderte Vorstellung, dass das Kurzzeitgedächtnis nicht bloß einen passiven Speicher, sondern eine zentrale Instanz für die Steuerung des Informationsflusses darstellt, hat zu dem Konzept des „Working Memory" geführt Nach diesem Konzept wird eine Trennung von Gedächtnis- und Aufmerksamkeitsprozessen zunehmend schwieriger. Der vorliegende Test verlangt vom Probanden eine kontinuierliche Kontrolle des Informationsflusses durch den Kurzzeitspeicher, indem der Vergleich von einem gegebenen Reiz – einer auf dem Bildschirm dargebotenen Zahl – mit einem vorher dargebotenen Reiz gefordert ist.

Augenbewegung: Die Ausrichtung der Augen auf einen relevanten Ausschnitt des Gesichtsfelds gehört zu den effektivsten Funktionen selektiver Informationsaufnahme. Durch das Auslösen einer sakkadischen Augenbewegung wird ein als relevant erachteter Ausschnitt einer detaillierten visuellen Analyse zugeführt.

Gesichtsfeld-/Neglectprüfung: Ziel dieser Untersuchung ist es, in einem groben Scanning das Vorliegen von Gesichtsfeldausfällen zu prüfen. Ein im zentralen Bereich intaktes Gesichtsfeld ist für die meisten Untertests der TAP Voraussetzung. Andererseits soll es dieses Verfahren erlauben, zwischen einer Hemianopsie und einem Neglect ohne Hemianopsie zu

differenzieren. Während bei einer Hemianopsie bei jeder Form von Stimuluspräsentation im hemianopen Feld nicht reagiert wird, sind bei einem
Neglect nur bei simultaner bilateraler Reizpräsentation einseitige Ausfälle
durch Extinktion zu beobachten.

Bei der Prüfung erscheinen auf dem Bildschirm rasch wechselnde Zahlen,
die als flackernder Reiz wahrgenommen werden. Die Reize erscheinen in
Zufallsposition in zufällig variierenden Intervallen, die von dem Probanden mit einem Tastendruck zu beantworten sind.

Geteilte Aufmerksamkeit: Prüfbar ist die geteilte Aufmerksamkeit mittels
„dual-task" Aufgaben, in denen gleichzeitig zwei Reizdarbietungen beachtet werden müssen. Dabei sollte durch die Wahl der Aufgaben sichergestellt
sein, dass es zu keiner strukturellen Interferenz zwischen den Informations-
kanälen kommt (Kahneman, 1973). In der vorliegenden Untersuchung wird
dies durch parallel zu bearbeitende optische und akustische Aufgaben ge-
währleistet.

Go/Nogo-Test: Go/Nogo-Aufgaben sollen die spezifische Fähigkeit zur
Unterdrückung einer nicht-adäquaten Reaktion überprüfen, eine Leistung,
die insbesondere nach Schädigungen des präfrontalen Kortex defizitär
ist.

Inkompatibilität: Dieser Untersuchungsansatz zielt darauf, die Fähigkeit
zur Fokussierung der Aufmerksamkeit zu prüfen, d. h. die Fähigkeit zur
Zurückweisung irrelevanter, u. U. automatisch verarbeiteter Reizaspekte
im Sinne von Shiffrin und Schneider (1977). Eine Beeinträchtigung dieser
Fähigkeit führt zu einem „focused attention deficit" (= FAD, Shiffrin &
Schneider,1977).

Beim vorliegenden Verfahren wird die Interferenzneigung durch eine Reiz-
Reaktionsinkompatibilität getestet. Dazu werden links oder rechts vom
Fixationspunkt nach links bzw. rechts gerichtete Pfeile dargeboten, auf die
je nach Pfeilrichtung mit der rechten oder linken Hand reagiert werden
soll, unabhängig von der Seite der Präsentation.

Intermodaler Vergleich: Ein früher Prozess gerichteter Aufmerksamkeit
stellt die Kontrolle des Inputs aus verschiedenen sensorischen Kanälen dar.
Neben modalitätsspezifischen Kontrollmechanismen scheinen auch modali-
tätsübergreifende Mechanismen zur Integration der Information aus verschiedenen sensorischen Kanälen wirksam zu sein. Ausfälle in dieser „supramodalen Kontrolle" führen zu Schwierigkeiten oder zu Ausfällen in der
Integration von verschiedenen sensorischen Eindrücken oder zur Unfähigkeit, mehrere sensorische Informationen gleichzeitig zu beachten.

Bei dem vorliegenden Verfahren soll eine Beeinträchtigung der beschriebenen supramodalen Kontrolle anhand von kritischen Reizen geprüft wer-

den, bei denen simultan ein optischer und ein akustischer Reizaspekt zu beachten ist.

Reaktionswechsel (Flexibilität): Die selektive Aufmerksamkeit setzt neben der Fähigkeit zur Fokussierung auch die Fähigkeit zum Wechsel des Aufmerksamkeitsfokus voraus, die Flexibilität der Aufmerksamkeitskontrolle.

In der vorliegenden Untersuchung werden simultan rechts und links vom Fixationspunkt konkurrierende Reize dargeboten (in einer verbalen Variante: ein Buchstabe und eine Zahl; in einer non-verbalen Variante: eine runde und eine eckige Form), wobei jeweils die Taste auf der Seite zu drücken ist, auf welcher sich der Zielreiz befindet.

Verdeckte Aufmerksamkeitsverschiebung: Zur Prüfung der verdeckten Aufmerksamkeitsverlagerung wird rechts oder links vom Fixationspunkt ein einfacher Reiz dargeboten, auf dessen Erscheinen der Proband so schnell wie möglich mit Drücken der Taste reagieren soll. Vor Erscheinen des kritischen Reizes wird in der Mitte des Bildschirms ein Hinweisreiz, ein Pfeil, dargeboten, der mit hoher Wahrscheinlichkeit (80 % der Darbietungen) nach der Seite, auf welcher der imperative Reiz erscheinen wird, zeigt („valider" Hinweisreiz), in 20 % der Fälle jedoch nach der falschen Seite („invalider" Hinweisreiz). Die zeitliche Differenz zwischen Reaktionszeiten von validen zu invaliden Hinweisreizen kann als Zeitbedarf für die verdeckte Aufmerksamkeitsverschiebung angesehen werden.

Vigilanztests: Störungen der länger anhaltenden Aufmerksamkeit drücken sich meist in einer raschen „Ermüdbarkeit" oder „Erschöpfung" des Patienten aus, die u. U. zu einem Abbruch der Untersuchung zwingen.

Zur Prüfung der Vigilanzleistung oder Daueraufmerksamkeit werden mehrere Verfahren angeboten, ein akustischer, zwei optische und ein optisch/akustischer Vigilanztest, da die Leistung in den einzelnen Modalitäten sehr unterschiedlich beeinträchtigt sein kann.

Visuelles Scanning: Mit diesem Test soll die Fähigkeit zum visuellen Abtasten des Gesichtsfeldes geprüft werden. Diese Fähigkeit kann durch gestörte Blickbewegungen, durch eine Störungen der Systematik oder durch eine reduzierte Daueraufmerksamkeit bedingt sein. Eine Unfähigkeit zum Abtasten des Gesichtsfelds liegt in markanter Form beim visuellen Neglect vor. Beeinträchtigungen des systematischen Durchmusterns einer Reizvorlage werden jedoch auch bei frontalen Läsionen ohne Neglect beobachtet.

Die Aufgabe besteht in der raschen visuellen Suche von kritischen Reizen, die an unterschiedlichen Positionen in einer 5 x 5 Zeichen großen Matrix zu entdecken sind.

4.1.4 Aufmerksamkeitsleistungen im Alltag

Aufmerksam-keits-Fragebogen

Die Verhaltensbeobachtung und Exploration des Patienten ist ein wichtiger Bestandteil jeder neuropsychologischen Untersuchung. Mit Hilfe von Schätzskalen und Fragebögen wird versucht, diese Verhaltensbeobachtung bei Aufmerksamkeitsstörungen zu systematisieren. Ponsford und Kinsella (1991) stellten eine Liste mit 14 aufmerksamkeitsbezogenen Fragen vor, welche in erster Linie für die Untersuchung hospitalisierter Patienten mit schwerem Schädel-Hirn-Trauma konstruiert wurde. Aussagen zur beobachteten Häufigkeit von Ermüdbarkeit, Ablenkbarkeit, mangelnder Flexibilität und der Unfähigkeit zur Aufmerksamkeitsteilung werden auf einer Fünf-Punkte-Skala zwischen den Kategorien „nie" und „immer" abgegeben. Vom Arbeitskreis „Aufmerksamkeit und Gedächtnis" der Gesellschaft für Neuropsychologie (GNP) wurde der „Fragebogen erlebter Defizite der Aufmerksamkeit (FEDA; Zimmermann et al., 1991)" entwickelt, der Fragen zu den Bereichen „Ablenkbarkeit und Verlangsamung bei geistigen Prozessen", „Ermüdung und Verlangsamung bei praktischen Tätigkeiten" sowie zum „Antrieb" umfasst (s. Anhang). Der Fragebogen ist sowohl zur Selbsteinschätzung der Defizite durch den Patienten als auch für Fremdeinschätzung, z. B. durch Angehörige oder das Pflegeteam geeignet. Letztere ist oft zu bevorzugen, da sich gezeigt hat, dass Patienten oft nicht in der Lage sind, ihre Beeinträchtigungen in Alltagssituationen richtig einzuschätzen (Eidenmüller et al., 2001). Es soll hier ausdrücklich darauf hingewiesen werden, dass eine Untersuchung mit dem FEDA eine Diagnostik mit objektiven Tests keinesfalls ersetzen kann. Unter Umständen gibt aber gerade der Vergleich von objektivem und subjektivem Befund wichtige Hinweise in Bezug auf Krankheitseinsicht und Krankheitsbewältigung (s. Coping) oder Hinweise auf „the missing link" zwischen Testbefund und Alltagssituation.

4.1.5 Aufmerksamkeitsdiagnostik bei Fahreignungs-untersuchungen

Begutachtungs-Leitlinien

Eine Untersuchung der Fahreignung hirngeschädigter Patienten sollte sich an den Begutachtungs-Leitlinien des Gemeinsamen Beirats für Verkehrsmedizin, herausgegeben vom Bundesministerium für Verkehr (Lewrenz & Friedel, 1996) orientieren. Auf rechtliche Probleme bei der Fahreignungsuntersuchung hirngeschädigter Patienten gehen Mönning et al. (1997) ein (s. a. Band „Neuropsychologische Begutachtung" dieser Buchserie: Hartje, 2004).

Bei Untersuchungen der Fahreignung kommt der Diagnostik von Aufmerksamkeitsfunktionen neben der Erfassung spezifischer verkehrsbezogener Leistungen, wie sie auch in den medizinisch-psychologischen Untersuchungen des TÜV üblich sind, eine besondere Bedeutung zu. Bei älteren Autofahrern konnten Brouwer et al. (1988) einen engen Zusammenhang zwischen der Informationsverarbeitungsgeschwindigkeit, kognitiver Flexibilität und dem von einem Fahrlehrer abgegebenen Urteil feststellen. Van Wolffelaar et al. (1988, 1990) fanden einen starken Zusammenhang zwischen Wahlreaktionsaufgaben und dem Verhalten von Schädelhirntrauma-Patienten in realen Verkehrssituationen. Bei einer Untersuchung der Fahrtauglichkeit aphasischer Patienten (Hartje et al., 1991) ließ sich jedoch kein eindeutiger Zusammenhang zwischen Testleistungen und Fahrlehrerurteil nachweisen. Allerdings waren es auch hier eher komplexere Aufmerksamkeitsleistungen, in denen sich die Patienten mit bestandener bzw. nicht bestandener Fahrprüfung unterschieden. Zum Standard einer neuropsychologischen Untersuchung zur Fahreignung sollten daher sowohl Untersuchungsverfahren zur Erfassung der elementaren Reaktionsgeschwindigkeit als auch Tests zur selektiven und insbesondere zur geteilten Aufmerksamkeit gehören. Diese Verfahren werden in der Regel durch spezifische, fahreignungsbezogene Testverfahren (z. B. Tachistoskopischer Verkehrsauffassungstest TAVT: Wiener Testsystem; s. a. Kubitzki, 1994) und Verfahren zur visuellen Suche (z. B. Linienverfolgungstest LVT: Wiener Testsystem; Untertest „Visuelles Scanning" aus der TAP) ergänzt. Da die Patienten oft ihre eigenen Fahrleistungen nicht realistisch einschätzen können und (neuro)psychologische Tests, wie oben erwähnt, nur eine begrenzte Vorhersagevalidität bzgl. der tatsächlichen Fahreignung besitzen, ist heute eine zusätzlich zur neuropsychologischen Untersuchung durchgeführte praktische Fahrprobe mit einem für diese Fragestellung geschulten Fahrlehrer die Regel. Auch Patienten mit relativ schlechten Testergebnissen (PR < 16, s. Begutachtungs-Leitlinien des Gemeinsamen Beirats für Verkehrsmedizin) können oft auf Grund langjähriger Fahrpraxis und Erfahrungen gewisse Aufmerksamkeitsdefizite in der praktischen Fahrsituation kompensieren.

Tests plus Fahrprobe

4.1.6   *Untersuchung auf Halbseitenneglect*

Da die Vernachlässigung einer Raumhälfte (Halbseitenneglect) als Problem der räumlichen Ausrichtung und Aufrechterhaltung der Aufmerksamkeit angesehen wird, gehören auch Untersuchungen auf Neglectsymptome insbesondere bei Patienten mit Schädigungen des Parietallappens der rechten Hirnhälfte (s. Kap. 3.2.2) zur Aufmerksamkeitsdiagnostik. Dieser Störungsbereich soll jedoch nur kurz dargestellt werden, da dem Halbseitenneglect ein eigener Band dieser Buchreihe (Kerkhoff, 2004) gewidmet ist.

In der akuten Phase der Erkrankung erübrigt sich oft eine formale Untersuchung, da die Verhaltensauffälligkeiten des Patienten stark ausgeprägt sind und die Diagnose meist unmittelbar nahe legen. So fallen die Patienten auf, weil sie

a) kontraläsional (d. h. in der zur Schädigungsseite gegenüberliegenden Raumhälfte) positionierte Gegenstände, Ereignisse oder Personen nicht bemerken

b) beim Suchen von Gegenständen nur die der Schädigungsseite entsprechende (ipsiläsionale) Raumhälfte mit den Augen oder den Händen explorieren

c) sich meist zur ipsiläsionalen Seite hinwenden, wenn man sie von vorne oder von der kontraläsionalen Seite her anspricht und auch spontan Kopf und Blick in die ipsiläsionale Richtung abweichen lassen (s. Karnath, 2002).

Klinische Untersuchung Bei weniger deutlich ausgeprägter Symptomatik wird man auf bewährte Diagnoseverfahren zurückgreifen, die sich von eher klinischen, orientierenden Aufgaben bis zu standardisierten Tests erstrecken. Zu ersteren gehört das Kopieren oder freie Zeichnen von Gegenständen (z. B. Haus, Blume, Fahrrad) oder von geometrischen Figuren (Stern, Quadrat, Würfel), das Eintragen der Ziffern in ein leeres Uhrzifferblatt, aber auch das Lesen einzelner Wörter oder eines Textes. Auf der vernachlässigten Seite werden entweder Teile oder die komplette Hälfte der Zeichnung nicht wiedergegeben (Abbildung 20).

Testverfahren Für eine objektivere und leichter quantifizierbare Diagnostik von Neglectsymptomen stehen Durchstreich- und Suchaufgaben zur Verfügung. So sollen im Untertest „Buchstaben ausstreichen" des Neglect-Tests (Fels & Geissner, 1997; deutsche Adaptation des „Behavioural Inattention Test" von Wilson, Cockburn & Halligan, 1987) in zeilenweise angeordneten Buchstabenfolgen die Buchstaben E und R gesucht und durchgestrichen werden.

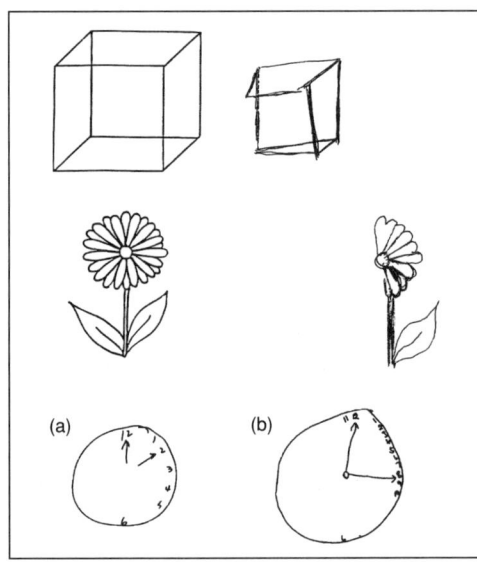

(a)   (b)

Abbildung 20:
Oben und Mitte: links Vorlage und rechts Kopie-Versuch eines Patienten mit linksseitigem Neglect. Unten a und b: Versuche zweier unterschiedlicher Patienten, die Ziffern in ein Uhrzifferblatt einzuzeichnen.

```
AEIKNRUNPOEFBDHRSCOXRPGÉAEIKNRUNPB
BDHEUWSTRFHEAFRTOLRJEMOEBDHÉUWSTŔT
NOSRVXTPEBDHPTSIJFLRFENOONOSRVXTPÉ
GLPTYTRIBEDMRGKEDLPQFZRXGLPTYTŔIBS
HMEBGRDEINRSVLERFGOSEHCBRHMEBGŔDÉI

                E  &  R
```

Abbildung 21:
Ergebnisse eines Patienten mit schwerem Halbseitenneglect nach links im Untertest
„Buchstaben ausstreichen" des Neglect-Test.

Patienten mit Halbseitenneglect lassen je nach Schweregrad der Erkrankung
mehr oder weniger viele Zeichen auf der zur Läsion kontralateralen Seite
aus (Abbildung 21.). Mit Hilfe der Erfassung von Reaktionszeiten in den
vier Gesichtsfeldquadranten prüft die TAP im Untertest „Neglect" (s. o.) auf
Neglectsymptome. Hierzu wird eine Variante des Untertests „Gesichtsfeld"
verwendet, bei welcher durch die Füllung der vier Gesichtsfeldquadranten
mit Zahlen eine Ablenkung der Aufmerksamkeit ins gesunde Halbfeld und
eine Extinktion der Reize im zur Schädigung kontralateralen Halbfeld provoziert werden soll (Abbildung 22).

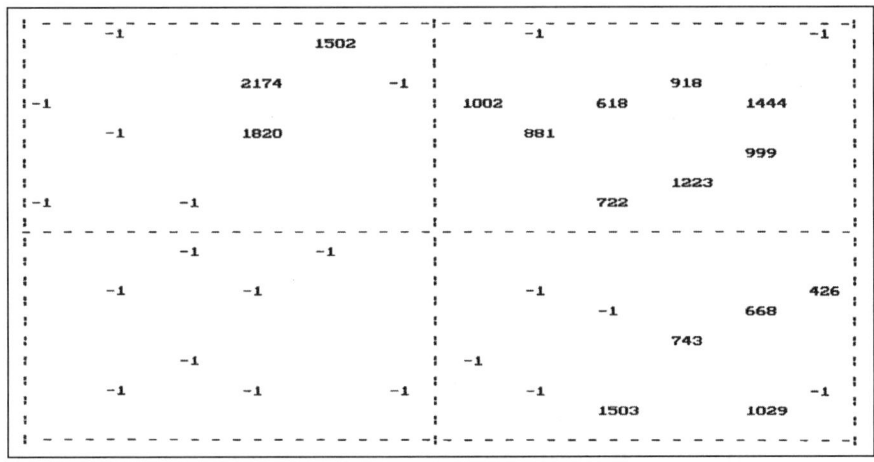

Abbildung 22:
Ergebnisausdruck eines Neglect-Patienten im Untertest „Neglect" aus der TAP. Die Zahlen
zeigen die Reaktionszeit an der betreffenden räumlichen Position in ms an; Reaktionsaus-
lassungen sind durch „–1" gekennzeichnet.

Ein Klassiker unter den Aufgaben zur Erfassung von Neglect-Symptomen ist die Linienhalbierungsaufgabe. Die Patienten sollen ihnen vorgelegte horizontale Linien durch eine Markierung in zwei gleiche Hälften teilen. Neglect-Patienten zeigen dabei oft eine Abweichung der Halbierung zur rechten Seite, da sie die linksseitigen Anteile der Linie nicht oder nur unvollständig beachten (Abbildung 23).

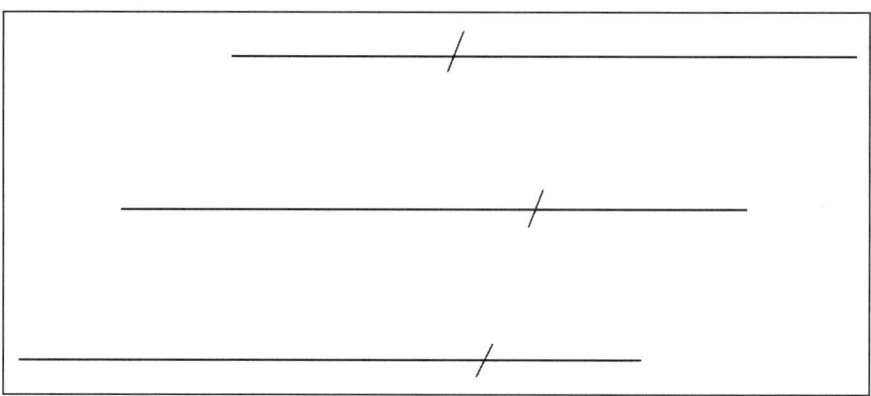

Abbildung 23:
Untertest „Linien halbieren" aus dem Neglect-Test (NET). Neglect-Patienten zeigen, wie auch in diesem Fall, eine Abweichung der Halbierung nach rechts. Dies ist umso deutlicher je weiter der Anfang der Linie in der linken Raumhälfte liegt, d. h. je weiter die Linie auf der Vorlage nach links verschoben ist.

Da die verschiedenen zur Neglectdiagnostik eingesetzten Verfahren unterschiedliche Aspekte räumlicher Verarbeitung und Aufmerksamkeit erfassen, können Patienten oft in einigen Tests auffällig werden, in anderen dagegen normale Ergebnisse zeigen. Während die Durchstreichaufgaben die Fähigkeit zur visuell-räumlichen Exploration prüfen und der Neglect-Test aus der TAP die räumliche Ausrichtung und rasche Verschiebung der Aufmerksamkeit verlangt, erfasst die Linienhalbierungsaufgabe die Einschätzung von Größenrelationen, eine Fähigkeit, die nicht bei allen Patienten mit Halbseitenneglect gestört zu sein scheint.

4.2　Allgemeine diagnostische Vorgehensweise und Differenzialdiagnose

Der folgende Leitfaden für das diagnostische Vorgehen kann nur als grobe Strategie für die Planung und Durchführung einer neuropsychologischen Untersuchung und speziell einer Untersuchung auf Aufmerksamkeitsstö-

rungen gelten und muss der jeweiligen spezifischen Fragestellung angepasst werden. Die einzelnen Komponenten und Schritte des diagnostischen
Prozesses sind zur Veranschaulichung in einem Flussdiagramm (Abbildung 24) dargestellt.

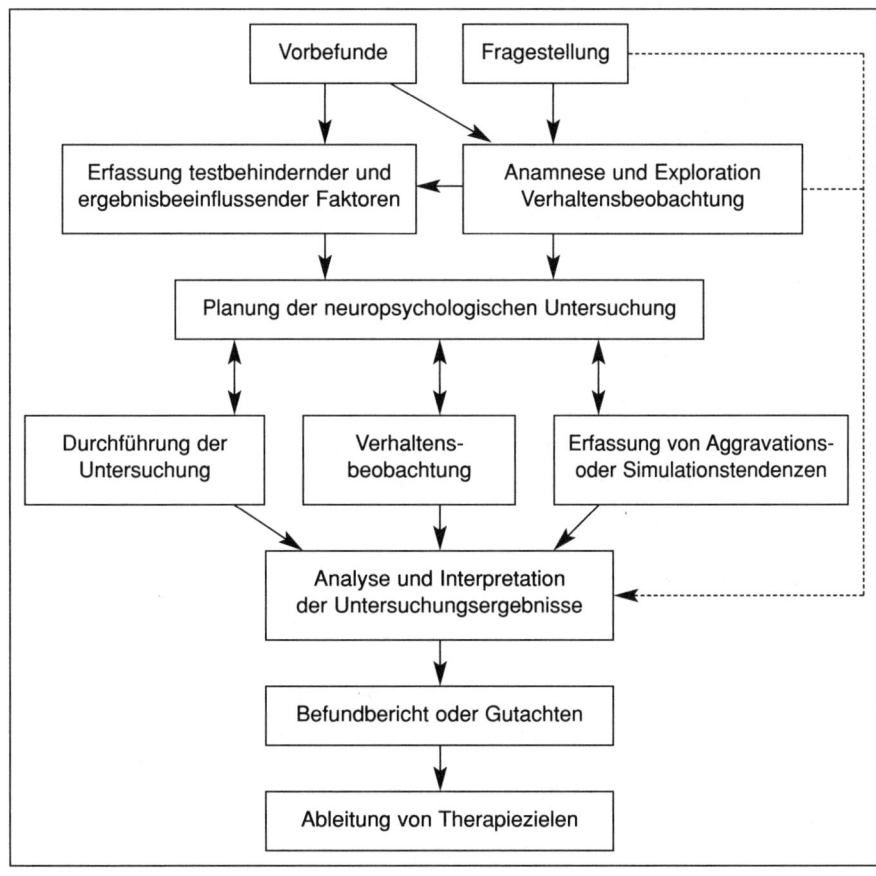

Abbildung 24:

Flussdiagramm zur Vorgehensweise bei der neuropsychologischen Diagnostik von
Aufmerksamkeitsstörungen (nach Sturm, 2000).

4.2.1 Vorbefunde

Zur Planung der Untersuchung ist es unerlässlich, möglichst lückenlos die
Befunde früherer medizinischer oder psychologischer Untersuchungen zur
Verfügung zu haben. Hierzu gehören neben Arztbriefen und psychologischen
Befunden auch neuroradiologische Befunde, möglichst unter Vorliegen der

**Vorbefunde
rekrutieren!**

59

Originalbilder, Befunde neurophysiologischer Untersuchungen (z. B. EEG), ggf. Berichte von Logopäden oder Ergotherapeuten und Eingangs- sowie Abschlussberichte anderer, ggf. neuropsychologischer Therapiemaßnahmen.

4.2.2 Fragestellung

Fragestellung formulieren

Die Fragestellung der neuropsychologischen Untersuchung (z. B. Planung oder Evaluation von Rehabilitationsmaßnahmen, Frage einer beginnenden dementiellen Entwicklung o. ä.) bestimmt entscheidend das weitere diagnostische Vorgehen. Art und Umfang des aus den Daten der Untersuchung zu erstellenden Befundberichts oder Gutachtens (s. 4.2.10) werden in hohem Maße durch den Adressaten, an den diese gerichtet werden, beeinflusst. Oft enthalten z. B. Gutachtenaufträge einen Katalog von Fragestellungen, auf die in der Begutachtung einzeln eingegangen werden muss. Gegebenenfalls sind Nachfragen beim Auftraggeber der Untersuchung bzw. des Gutachtens notwendig, um eine Untersuchung richtig planen zu können.

4.2.3 Erfassung von Faktoren, welche ggf. die Testdurchführung oder die Ergebnisse beeinflussen

Hinweise auf testbeeinflussende Faktoren erhält man aus den Vorbefunden sowie aus der Anamnese und Exploration und einer ersten Verhaltensbeobachtung:

Einfluss von Medikation

– *Medikation:* Insbesondere sedierende, aber auch stimulierende oder auf bestimmte Transmittersysteme (insb. dopaminerge und noradrenerge) wirkende Medikamente können ergebnisverfälschend wirken. Dies gilt in besonders hohem Maße für Aufmerksamkeitsfunktionen (Rockstroh, 2000). So wirken sich Antidepressiva und MAO-Hemmer oft negativ auf die Alertness und Vigilanz sowie auf Orientierungsreaktionen aus, viele bei psychiatrischen Erkrankungen verordnete Neuroleptika haben Auswirkungen auf die Aufmerksamkeitsselektivität.

Sensorische Beeinträchtigungen beachten!

– *Visusbeeinträchtigungen:* Da viele Testverfahren in der visuellen Modalität durchgeführt werden, müssen Visusbeeinträchtigungen, insbesondere Hemianopsien aber auch Störungen des Kontrastsehens oder der Farbwahrnehmung ausgeschlossen, bzw. bei der Auswahl der Untersuchungsverfahren und bei der Interpretation der Untersuchungsbefunde berücksichtigt werden. Wenn Patienten eine Lesebrille benötigen, muss diese bei der Untersuchung getragen werden.

– *Hörstörungen:* Bei Schwerhörigkeit ist die Benutzung von Hörgeräten zu verlangen; alternativ können auditive Aufgabenstellungen z. B. durch die Lautstärke der Darbietung oder (falls das Verfahren dies ermöglicht) durch die Berücksichtigung bestimmter Tonfrequenzen an die Hörbeeinträchtigung des Patienten angepasst werden. Ggf. muss hierzu ein Audiogramm erstellt werden.

– *Sprachstörungen:* Bei bekannter oder vermuteter Sprachstörung sollten verbale Aufgabenstellungen möglichst vermieden werden. Zusätzlich muss man sich vergewissern, dass der Patient die Testanweisungen oder Fragestellungen z. B. der Anamnese richtig versteht. Sprachstörungen können sich auch auf die Beantwortung von Multiple-Choice-Aufgaben auswirken, wenn hierzu z. B. sprachliche Symbole anzukreuzen sind. Selbst einfache Ja-Nein-Entscheidungen können für Patienten mit Sprachstörungen schwierig sein. Hier sollten ggf. nichtsprachliche Symbole, auf die der Patient zur Aufgabenlösung zeigen kann (z. B. ☺ und ☹), Verwendung finden.

Einfluss
motorischer
Störungen

– *Motorische Störungen:* Hemiparesen oder Hemiplegien der dominanten Hand, aber auch subtilere motorische Beeinträchtigungen wie Koordinationsstörungen und Beeinträchtigungen der Feinmotorik können motorische Reaktionen, insbesondere wenn diese zeitkritisch sind, bei der Testdurchführung erheblich einschränken oder sogar unmöglich machen. Sofern der Test dies erlaubt, kann entweder der Untersucher motorische Anteile der Aufgabe übernehmen (z. B. das Ankreuzen auf einem Antwortblatt gemäß verbaler Instruktion durch den Patienten), oder die Aufgabe muss mit der nichtdominanten Hand durchgeführt werden.

4.2.4 *Anamnese und Exploration*

In der Anamnese und Exploration und während einer ersten Verhaltensbeobachtung sollen entweder vom Patienten selbst oder von seinen Angehörigen (Fremdanamnese) Informationen zu subjektiven Beschwerden und Beeinträchtigungen, zur Stimmungslage und zur aktuellen gesundheitlichen, familiären und sozialen sowie beruflichen Situation erhoben werden (Heubrock, 1990). Anamnese und Exploration sollten mit Bezug auf Aufmerksamkeitsstörungen und ggflls. die Erfassung von Aufmerksamkeitsleistungen beeinflussende Faktoren folgende Themen umfassen

– Händigkeit (ggf. mit Fragebogen erfassen, z. B. Oldfield, 1971)
– Sehkorrektur/Hörgerät?
– Schul- und Berufsausbildung mit Leistungsschwer- und Schwachpunkten
– Berufliche Laufbahn
– Vorerkrankungen, ggf. auch Hinweise auf Unregelmäßigkeiten bei der Geburt
– Spontane Schilderung des traumatischen Ereignisses und der erlebten Beeinträchtigungen
– Bei Schädelhirntrauma (SHT): Einschätzung der Dauer der retrograden und der posttraumatischen Amnesie (unter Beachtung ggf. künstlich z. B.

durch Sedierung oder Beatmung verursachter Verlängerung des Koma-
zustands – Gedächtnislücken für diesen Zeitraum können natürlich nicht
zur Zeitspanne der posttraumatischen Amnesie hinzugerechnet werden)
zwecks Einschätzung des Schweregrads des SHT
– Aktuelle berufliche und soziale Situation
– Stimmung und Affekt (z. B. Reizbarkeit, Indifferenz, Depression)
– Selbsteinschätzung von Funktionsbeeinträchtigungen (Antrieb, Konzentration, Ablenkbarkeit, Verlangsamung, Ermüdbarkeit, Schlafbedürfnis,
Aufmerksamkeitsteilung, Vernachlässigung einer Raumhälfte, Organisation von Alltag und Arbeit).

4.2.5 Planung und Durchführung der neuropsychologischen Untersuchung

Aufstellung von Untersuchungs-hypothesen

Aus den Vorbefunden, der jeweiligen Fragestellung sowie aus den Daten
der Anamnese und Exploration muss der Neuropsychologe Hypothesen
über die relevanten, in der Untersuchung zu erfassenden Aufmerksamkeitsfunktionen erstellen. Es ist weder sinnvoll noch ökonomisch, jeden Patienten – unabhängig von der individuellen Fragestellung – mit einer sog.
„Standardtestbatterie" zu untersuchen. Ebenso wenig kann man sich jedoch bei sehr spezifischen Fragestellungen, z. B. der Untersuchung eines
Patienten auf Halbseitenneglect, lediglich auf eine Untersuchung der Neglectsymptome beschränken. Eine neuropsychologische Untersuchung mit
dieser Fragestellung müsste neben der Neglectuntersuchung zumindest auch
um Verfahren zur Erfassung visuoperzeptiver Beeinträchtigungen und all-
gemeinerer, nicht seitenabhängiger Aufmerksamkeitsstörungen und Beeinträchtigungen der räumlichen Verarbeitung erweitert werden. Zur Ob-
jektivierung von Funktionsbeeinträchtigungen als Hirnschädigungsfolge
ist es meist notwendig, neben den vermutlich beeinträchtigten Funktionen
auch Funktionsbereiche zu erfassen, die wahrscheinlich nicht gestört sind.
Gerade bei nicht offensichtlichen Beeinträchtigungen kann oft erst ein Vergleich verschiedener Funktionen relative Funktionsstörungen aufdecken.
Bei *Verlaufsuntersuchungen* ist darauf zu achten, dass (soweit möglich)
Parallelformen bereits verwendeter Tests eingesetzt werden, um Lern- oder
Transfereffekte zu vermeiden. Bei einigen häufig bei der Aufmerksam-
keitsdiagnostik verwendeten Papier- und Bleistift-Tests sind z. T. extreme
Testwiederholungseffekte beschrieben worden (Westhoff, 1989; Westhoff
& Dewald, 1990). Leistungsverbesserungen bei Testwiederholungen kön-
nen in diesem Fall nicht als Verbesserung der Funktion, sondern nur als
Übungseffekt interpretiert werden. Wenn für einen zu untersuchenden

Auswahl der Untersuchungs-verfahren

Funktionsbereich verschiedene, inhaltlich äquivalente Untersuchungsverfahren zur Auswahl stehen, sollte man sich für das Verfahren mit den
besseren psychometrischen Eigenschaften entscheiden, um die spätere
Analyse und Interpretation der Ergebnisse zu erleichtern. Insbesondere zur

62

Beurteilung von „handicaps", d.h. den sozialen und beruflichen Folgen einer Hirnschädigung ist es jedoch meist unerlässlich, neben formalen Tests auch Informationen über Beeinträchtigungen im Alltag, z.B. durch die Angehörigen, das Pflegepersonal oder Arbeitskollegen einzuholen oder z.B. in Kooperation mit Ergotherapeuten praktische Arbeitsproben durchzuführen und dort Dauerbelastbarkeit, Ablenkbarkeit und Tempo zu erfassen.

Die Untersuchung sollte in einem angenehm beleuchteten und störungsarmen Raum in freundlicher Atmosphäre stattfinden. Der Patient ist über den Zweck der neuropsychologischen Diagnostik ausreichend zu informieren und sein Einverständnis einzuholen.

In der Regel sollten Angehörige oder Bekannte des Patienten nicht bei der Untersuchung anwesend sein, da es häufig zu gewollten oder ungewollten Störungen oder gar Hilfestellungen kommt, welche den Ablauf der Untersuchung negativ beeinflussen und evtl. die Interpretierbarkeit der Ergebnisse in Frage stellen. Während der Untersuchung sollen neben den Testergebnissen auch Verhaltensbeobachtungen dokumentiert werden, die eine Bewertung der Ergebnisse erleichtern oder ergänzen könnten. Es kann auch notwendig sein, in Abweichung von der ursprünglichen Untersuchungsplanung ergänzende oder alternative Untersuchungsmethoden anzuwenden, wenn sich im Untersuchungsverlauf neue Anhaltspunkte und Hypothesen über die Art oder das Ausmaß der Schädigung ergeben oder der Patient aus vorher nicht bedachten Gründen nicht für bestimmte Untersuchungsverfahren geeignet erscheint.

Flexible Untersuchungsplanung

Da sich Aufmerksamkeitsstörungen oft erst nach längerfristiger Belastung zeigen, sollte eine Untersuchung von Aufmerksamkeitsfunktionen vorzugsweise am Ende einer umfassenderen neuropsychologischen Untersuchung stattfinden und nicht gleich zu Beginn.

4.2.6 Verhaltensbeobachtung

Die Verhaltensbeobachtung soll die psychometrisch erhobenen Daten der neuropsychologischen Untersuchung ergänzen.

Folgende Beobachtungsthemen können besonders aufmerksamkeitsrelevant sein:

- kann der Patient den Ausführungen des Untersuchers folgen, ohne abzuschweifen, den „Faden zu verlieren" oder das Thema zu wechseln?
- wirkt der Patient manchmal „abwesend" oder lässt er sich z.B. durch Geräusche ablenken oder aus der Fassung bringen?
- scheint der Patient leicht zu ermüden (häufiges Gähnen), obwohl er nach eigener Auskunft zuvor eine normale Nachtruhe hatte?

- sind die Ausführungen des Patienten kohärent oder kommt es zu „Gedankensprüngen"?
- kommt es zu vorschnellem Beginnen mit der Bearbeitung der Aufgaben und zu unsystematischem, wenig kontrolliertem Vorgehen?
- werden bestimmte räumliche Teile der Aufgabe nicht oder nur unzureichend bearbeitet (Hinweise auf Halbseitenneglect)?
- Werden Symptome bagatellisiert (als mögliches Symptom für eine Anosodiaphorie) oder geleugnet (Anosognosie)

Bei längerem Aufenthalt des Patienten in der behandelnden Institution sollten auch Beobachtungen des Therapeuten- und Pflegeteams in die Diagnostik einbezogen werden (s. a. 4.2.5).

4.2.7 Aggravation und Simulation bei der neuropsychologischen Diagnostik

Erkennen von Simulationstendenzen

Insbesondere bei neuropsychologischen Begutachtungen stellt sich das Problem, dass Patienten entweder bewusst oder unbewusst Beeinträchtigungen vortäuschen oder verstärkt darstellen, z. B. um eine frühzeitige Berentung oder Schadensersatz von einer Versicherung zu erlangen. Das Erkennen von Aggravations- oder Simulationstendenzen bei einem Patienten ist ein komplexer diagnostischer Prozess und wird zusätzlich durch die Tatsache erschwert, dass solche Tendenzen auch bei tatsächlich vorliegenden Beeinträchtigungen nach einer Hirnschädigung auftreten können und daher vom Untersucher nicht im Sinne von „Schwarz-Weiß"-Entscheidungen behandelt werden dürfen. An Aggravation oder Simulation ist immer dann zu denken, wenn

1. beim Patienten ein äußerer Anreiz zum verstärkten oder konstruierten Darstellen seiner Symptomatik besteht,
2. wenn die subjektiven Beschwerden oder die Testergebnisse nicht mit dem neurologischen oder funktionellen Status übereinstimmen,
3. wenn Symptome und Beschwerden medizinisch bzw. neuropsychologisch keinen Sinn ergeben,
4. wenn es aus der Krankheitsgeschichte Hinweise auf emotionale oder Persönlichkeitsstörungen gibt (z. B. soziopathisches Verhalten) oder
5. wenn die Kooperationsbereitschaft des Patienten fraglich ist.

Hinweise aus der qualitativen Bewertung der Ergebnisse ergeben sich z. B. beim Versagen bereits bei sehr einfachen Aufgabenstellungen, die in der Regel auch von schwer beeinträchtigten Patienten gelöst werden. Extreme Reaktionsverlangsamungen (bei einfachen Reaktionszeitmessungen RZ > 1 000 ms) sind nur bei Hirnschädigungen im Hirnstammbereich oder nach schweren rechtshemisphärischen Läsionen (s. Kap. 2.1 und 3.1.2) zu erwarten. Gerade bei Reaktionsaufgaben ist eine Manipulation der Ergebnisse durch den Probanden leicht möglich. Hinweise können Differenzwerte zwischen Reaktionszeiten ohne bzw. mit Warnreiz geben. Sind die Reaktionszeiten mit Warnreiz kürzer (wie zu erwarten), spricht dies eher gegen eine Simulation. Im umgekehrten Fall sind längere Reaktionszeiten unter Warnreizbedingungen jedoch kein Beweis für eine Manipulation der Ergebnisse, da der Warnreiz für Patienten mit Störungen der Aufmerksamkeitsselektivität als Störreiz wirken kann. Die „Testbatterie zur Forensischen Neuropsychologie TBFN" (Heubrock & Petermann, 2000) wurde speziell zur Aufdeckung von Aggravations- und Simulationstendenzen entwickelt. Weitere Hinweise zu diesem Thema finden sich bei Heubrock (1995), Lezak (1995, Kap. 20) sowie bei Spreen und Strauss (1998, Kap. 17).

4.2.8 Differenzialdiagnose

Da die Prüfung aller Aufmerksamkeitsleistungen an spezifische Testparadigmen gebunden ist, die intakte Wahrnehmung und oft auch Motorik voraussetzen, müssen die sensorischen und motorischen Leistungen des Patienten vor Beginn der Untersuchung abgeklärt werden (s. Abschnitt 4.2.3 dieses Kapitels). Auch die oben erwähnten Einflüsse der Medikation sind genau zu überprüfen, da hier erhebliche Auswirkungen auf Aufmerksamkeitsleistungen vorliegen können, die bei Nichtbeachtung zu Fehldiagnosen führen. Gerade Tests, welche vom Patienten rasche Reaktionen zusammen mit Reaktionssorgfalt verlangen, verleiten Patienten insbesondere bei Berentungs- oder Entschädigungs-Begutachtungen bisweilen zu „suboptimalen" Leistungen. Auf solche Aggravations- oder Simulationstendenzen ist genau zu achten, die Plausibilität der erzielten Ergebnisse auf dem Hintergrund der Erkrankung und der Vorbefunde zu prüfen und der Patient ggf. auf „Ungereimtheiten" hinzuweisen (s. a. Abschnitt 4.2.7 zu *Aggravation* und *Simulation*).

Abgrenzung gegen sensorische und motorische Beeinträchtigungen

Bei Patienten mit Verdacht auf eine Neglect-Symptomatik ist eine perimetrische Untersuchung zur Erkennung und Abgrenzung von Gesichtsfelddefekten unabdingbar. Zudem können Patienten mit Halbseitenneglect für kurze Zeit ihre Defizite nach einer Darbietung von Hinweisreizen oder nach sehr eindringlichen Aufforderungen kompensieren, da die Störung ja größtenteils aufmerksamkeitsbedingt ist.

4.2.9 Analyse und Interpretation der Untersuchungsergebnisse

Die Ergebnisse der neuropsychologischen Diagnostik müssen zunächst auf Widersprüche, Unplausibilitäten, aber auch auf Kongruenzen zu den Daten der Vorgeschichte und der Anamnese und zu den daraus abgeleiteten Hy-

Integration von Beobachtung und Testergebnissen

65

pothesen geprüft werden. Dies ist insbesondere bei Begutachtungsfragen aber auch bei der Planung von Rehabilitationsmaßnahmen wichtig. Hierbei müssen die während der Untersuchung gemachten Verhaltensbeobachtungen integriert und bei der Interpretation berücksichtigt werden.

Zur Aufdeckung subtilerer Funktionsstörungen kann es hilfreich sein, bei der Analyse der individuellen Ergebnisse gezielt Methoden der psychometrischen Einzelfalldiagnostik (Huber, 1973; Willmes, 1990) einzusetzen. Bei Verlaufsuntersuchungen, z. B. zur Kontrolle der Effizienz einer Therapie, können zwei oder mehrere mit demselben Untersuchungsverfahren ermittelte Ergebnisse mit Hilfe „kritischer Differenzen" auf überzufällige Veränderungen in einzelnen Funktionen aber auch die Veränderung der Relation ganzer Funktionsbereiche (gezielter Profilvergleich; Huber, 1973) geprüft werden, wobei die Größe der kritischen Differenz d_{crit} direkt von der Reliabilität der verwendeten Tests abhängt. So könnte z. B. bei Wiederholung des Untertests „Alertness ohne Warnreiz" aus der TAP dann von einer überzufälligen Veränderung bei Messwiederholung ausgegangen werden, wenn die Ergebnis-Differenz zwischen erster und zweiter Untersuchung 4 T-Werte übersteigt (s. Tabelle 5). Derartige Informationen können jedoch nur gut standardisierte, reliable und valide Untersuchungsverfahren liefern.

Tabelle 5:

Kritische Differenzen (? = .01) bei Testwiederholung für einige Untertests der TAP.

TAP-Subtests (Reaktionszeit)	r_{tt}	d_{crit} (T-Wert)
Alertness ohne Warnreiz	.981	4
Alertness mit Warnreiz	.981	4
Geteilte Aufmerksamkeit	.798	12
Go/NoGo (2 aus 5)	.92	6
Vigilanz, visuell	.947	6

4.2.10 Dokumentation der Ergebnisse in Befundberichten oder Gutachten

Fachspezifische Befundabfassung

In den Befundberichten bzw. Gutachten (eine ausführliche Darstellung zu diesem Thema findet sich im Band „Neuropsychologische Begutachtung" dieser Buchserie: Hartje, 2004) werden die Ergebnisse und die Interpretation der Ergebnisse der neuropsychologischen Diagnostik dokumentiert, die dann gegebenenfalls zur Formulierung von Therapiezielen dienen können. Am Ende der Therapie dienen die Befundberichte aber auch zur Dokumentation der Vorgehensweise bei der neuropsychologischen Therapie und zur Darstellung der Therapieergebnisse. Die Ausführlichkeit und die verwendete Nomenklatur ist z. T. von der fachspezifischen Ausrichtung der Befund- oder Gutachtenempfänger abhängig. Bei medizinischen, insbesondere aber bei fachfremden Adressaten für den Befundbericht oder das Gutachten muss transparent gemacht werden, auf welchen Verfahren und Daten die berichteten Ergebnisse basieren. In jedem Fall ist es sinnvoll, kurz darzustellen, mit welcher Hypothese und mit welcher Zielsetzung bei der vorliegenden Fragestellung die Untersuchungsbereiche und -verfahren ausgewählt wurden und welche Funktion die einzelnen Verfahren erfassen. Aus der zusammenfassenden Beurteilung muss auch für den fachfremden Empfänger ersichtlich werden, welche Beeinträchtigungen bei dem Patienten vorliegen, wie sich diese nach einer Therapie verändert haben (oder auch nicht), welche Auswirkungen sich in sozialer und ggf. beruflicher Hinsicht ergeben und ob bzw. welche (weiteren) therapeutischen Maßnahmen sich aus den Befunden ableiten lassen.

5 Therapiemethoden und Evaluation

5.1 Metaanalysen zur Effizienz von Aufmerksamkeitstherapie

In Kap. 5.2 und 5.3 werden ausschließlich solche Therapieverfahren und -methoden dargestellt, deren Effizienz in kontrollierten Studien überprüft wurde. Eine erste kritische Übersicht über die Wirksamkeit computergestützter Therapieprogramme („Does computerized cognitive rehabilitation work? A review") wurde 1990 von Robertson veröffentlicht. Er kam zu dem Ergebnis, dass computergestütztes Training im Bereich visuoperzeptiver Störungen und bei Gedächtnisbeeinträchtigungen keine Wirksamkeit zeigt. Auch die Effizienz von Computerprogrammen bei der Sprachtherapie wurde pessimistisch eingeschätzt, obwohl die Wirksamkeit für einige wenige hochspezifische Sprachprobleme nachgewiesen werden konnte. Eine positive Einschätzung erhielt jedoch computergestütztes Training von Aufmerksamkeitsfunktionen, obwohl auch hier einige Studien negative Ergebnisse erzielten.

Computergestützte Aufmerksamkeitstherapie ist wirksam!

Eine erste Metanalyse nach den Kriterien evidenzbasierter kognitiver Rehabilitation wurde von Cicerone und Mitarbeitern (2000) veröffentlicht. Im Bereich „Aufmerksamkeitstherapie" wurden 13 kontrollierte Studien analysiert. Die Autoren kommen zu dem Schluss, dass die Studien die Effektivität von spezifischem Aufmerksamkeitstraining über Effekte nichtspezifischer kognitiver Stimulation hinaus sowohl für Patienten nach Schädel-Hirntrauma als auch für Schlaganfallpatienten belegen. Die Therapie sollte ein Training in verschiedenen sensorischen Modalitäten und verschiedenen Komplexitätsstufen umfassen. Eine Einbeziehung des Therapeuten zur Überwachung des Trainingsfortschritts mit Rückmeldung an den Patienten und zum Einüben bestimmter Strategien wird empfohlen.

Diese positive Einschätzung der Effizienz gilt aber nur für die postakute, chronische Phase der Erkrankung. Es besteht demgegenüber nur eine ungenügende Evidenz für die Wirksamkeit von Aufmerksamkeitstherapie in der frühen Phase der Rehabilitation, da diese kaum von Effekten der Spontanremission zu trennen ist. Eine Beurteilung wurde durch den Umstand erschwert, dass es keine Studien für diesen Abschnitt der Rehabilitation gibt, welche einen direkten Vergleich zwischen behandelten und unbehandelten Patienten erlauben.

Park und Ingles führten 2001 eine weitere Metaanalyse über 30 Aufmerksamkeits-Therapiestudien mit insgesamt 359 Patienten durch. Die Ergebnisse zeigten, dass die Aufmerksamkeitsleistungen bei Studien mit einfachem prä-post-Design nach der Therapie signifikant besser wurden, dass bei Studien mit Einschluss einer Kontrollbedingung jedoch oft kein Unterschied zwischen Kontroll- und Therapiebedingung nachzuweisen war. Die Autoren stellen die Hypothese auf, dass der beste Therapieerfolg dann erzielt wird, wenn Training und Testmethode sich zumindest in einigen Aspekten ähnlich sind (z. B. dem gleichen Paradigma folgen), was aber weniger auf einen Trainingserfolg, sondern eher auf „triviale" Übungseffekte hinweist. Sie unterscheiden auch bei Therapieprogrammen zwischen automatisierten (bei Patienten meist gut erhaltenen) und oft deutlich beeinträchtigten kontrollierten Prozessen bei der erneuten Einübung kognitiver Fähigkeiten. Die Aufgabe des Therapeuten sollte es sein, solche Trainingsprogramme zu entwickeln und anzuwenden, die zumindest in der Anfangsphase der Therapie kontrollierte Prozesse möglichst reduzieren und auf automatisierte Prozesse zurückgreifen.

5.2   Unspezifisches Training

Motivierende Instruktionen sind leistungssteigernd

Frühe Versuche, hirnschädigungsbedingte Störungen von Aufmerksamkeitsfunktionen therapeutisch zu beeinflussen, waren eher global und berücksichtigten kaum die Erkenntnisse der allgemeinen Psychologie und der Neuropsychologie, dass Aufmerksamkeit in verschiedene Komponenten unterteilt werden kann und dass diese Komponenten infolge umschriebener Hirnschädigungen in jeweils unterschiedlicher Weise beeinträchtigt sein können und so möglicherweise auch spezifische Therapieansätze erforderlich sind. So untersuchten Blackburn (1958), Benton (1960),

68

Shankweiler (1959) sowie Sturm und Büssing (1982) den Einfluss motivierender Instruktionen auf die Reaktionsleistung hirngeschädigter Patienten. Zum Teil verwendeten sie beruhigende, zum Teil verstärkende oder auch „anstachelnde" Anweisungen und verglichen die darauffolgende Reaktionsleistung mit der Reaktionsschnelligkeit ohne derartige Instruktionen. Die Autoren fanden übereinstimmend bei jeglicher Art von motivierender Instruktion eine Leistungsverbesserung, wenn auch unter keiner Bedingung das Leistungsniveau einer gesunden Kontrollgruppe erreicht wurde.

5.2.1 Reaktionstraining

Kallinger (1975; s. a. Hofer & Scherzer, 1977) trainierte die Reaktionsfähigkeit hirngeschädigter Patienten mit Hilfe einer apparativen komplexen Reaktionsaufgabe (Wiener Determinationsgerät). Mit vier „sensomotorischen" Testverfahren (Reaktionszeitmessung, Test d2, tachistoskopische Darbietung von Punktmustern, Zeigeversuch nach Mittenecker) wurden die Patienten und eine normale Kontrollgruppe vor und nach dem Training untersucht, um eventuelle Trainingseffekte beurteilen zu können. Während sich bei der Kontrollgruppe nur in zwei der Testverfahren Leistungsverbesserungen nach dem Training zeigten, verbesserten sich die hirnorganisch geschädigten Patienten bei allen vier Leistungsprüfungen. Die Autorin zieht hieraus den Schluss, dass eine über einen reinen Übungseffekt hinausgehende generalisierte Verbesserung sensomotorischer Leistungen auf Grund des Trainings stattgefunden hat. *Eine zusätzliche verbale Verstärkung der Patienten während des Trainings zeigte nur einen geringfügigen weiteren leistungssteigernden Effekt.*

Sturm und Mitarbeiter (1983) führten ein Training zur Verbesserung der Aufmerksamkeit und visuellen Auffassungsschnelligkeit bei Patienten nach Hirnschädigungen unterschiedlicher Lokalisation und Ätiologie durch. Das Training wurde über 14 Sitzungen hinweg mit sukzessiv im Komplexitätsgrad zunehmenden Trainingsprogrammen am Wiener Determinationsgerät und am Wiener Konzentrationsgerät (Kognitrone) durchgeführt. Alle Patienten sowie zwei hirngesunde, nach Alter und Bildung angeglichene Kontrollgruppen wurden zu drei Zeitpunkten mit einer umfangreichen Testbatterie untersucht, die sowohl Aufgaben enthielt, die dem Training sehr ähnlich waren, als auch Prüfungen dem Training unähnlicher Aufmerksamkeitsfunktionen. Außerdem umfasste die Batterie Tests, die allgemeinere intellektuelle Funktionen wie logisches Denken, Wortflüssigkeit oder räumliches Vorstellungsvermögen erfassen. Auf diese Weise sollte überprüft werden, ob der Trainingseffekt auch auf dem Training nicht unmittelbar verwandte psychische Funktionen generalisierte. Die Autoren konnten zeigen, dass das Training sowohl bei trainingsähnlichen als auch bei trainingsunähnlichen psychischen Funktionen bei den Patienten (jedoch nicht bei den Gesunden) zu einer signifikanten Leistungssteigerung führte, wobei der Leistungszuwachs allerdings bei trainingsähnlichen Funktionen am deutlichsten war. Es konnte ebenfalls nachgewiesen werden, dass die Leistungsverbesserungen weder durch Spontanremission noch durch einen Wiederholungseffekt bei mehrmaliger Testung verursacht wurden, sondern tatsächlich trainingsbedingt waren.

Ein ähnliches Training wandten die Autoren (Sturm & Willmes, 1991) in einer weiteren Studie bei Patienten nach Hirnschädigungen unterschiedlicher Lokalisation und Ätiologie an. Das Training wurde über 14 Sitzungen hinweg wiederum mit sukzessiv im Komplexitätsgrad zunehmenden Programmen am Wiener Determinationsgerät und am Kognitrone durchgeführt. Alle Patienten wurden zu vier Zeitpunkten mit der bereits erwähnten umfangreichen Testbatterie untersucht, die allerdings um einen Vigilanztest erweitert wurde. Nach dem Training zeigte sich eine Leistungsverbesserung sowohl bei speziellen Testprogrammen an den zum Training verwendeten Geräten als auch ein generalisierter Trainingseffekt im Bereich der allgemeinen Aktivierung und Reaktionsschnelligkeit sowie -sicherheit. Vigilanzleistungen konnten jedoch nicht gesteigert werden. In allen Gruppen ergab sich im Vergleich zur ersten Untersuchung aus 1983 eine weniger deutliche Generalisierung auf Bereiche außerhalb der Aufmerksamkeitsfunktionen. Die Autoren sehen dies darin begründet, dass die umschriebenen Läsionen der Patienten mit links- bzw. rechtsseitigen vaskulären Schädigungen neben den Aufmerksamkeitsbeeinträchtigungen auch zu anderen, jeweils spezifischen Funktionsstörungen führten, die in der zur Therapiekontrolle verwendeten Testbatterie mitgeprüft wurden (z. B. sprachliche und räumliche Leistungen, logisches Denken) und daher eventuell in diesen Verfahren vorhandene (und trainierte) Aufmerksamkeitsanteile überdeckten. Solche spezifischen Funktionsbeeinträchtigungen waren dagegen bei den Patienten der Voruntersuchung aus 1983 mit einem hohen Anteil diffuser, traumatischer Läsionen in weniger hohem Ausmaß zu beobachten. Auf diese Weise konnte bei der ersten Untersuchung möglicherweise eine weitere Generalisierung des Trainings auch auf andere Funktionsbereiche (mit Aufmerksamkeitsanteilen) stattfinden.

Die Trainingseffekte blieben über 8 Wochen hinweg stabil. Aus der Beobachtung, dass das eher unspezifische Training sich nicht auf alle Aufmerksamkeitsfunktionen positiv auswirkte, leiteten die Autoren die Forderung ab, für spezifische Aufmerksamkeitsstörungen auch spezifische Trainingsmethoden zu entwickeln und einzusetzen. Ähnliche Effekte mit dem gleichen eher unspezifischen Trainingsverfahren wurden von Poser et al. (1992) für Patienten nach Hirntrauma in der post-akuten Phase berichtet.

70

5.3　Spezifisches Training

Heute geht man davon aus, dass Aufmerksamkeitsfunktionen durch Stimulation einer bestimmten Aufmerksamkeitskomponente verbessert werden können. In Abhängigkeit von dem jeweils zu Grunde liegenden Aufmerksamkeitsmodell unterscheiden sich die Therapieansätze allerdings bezüglich der angesprochenen Komponenten. Mateer und Mapou (1996) fanden in einer Übersicht über Aufmerksamkeits-Therapiestudien, dass die Evaluation der Effizienz der verschiedenen Therapieprogramme auf drei verschiedenen Ebenen stattfindet: a) die bei der Therapie verwendete Trainingsaufgabe wird auch zur Evaluation verwendet, b) psychometrische Aufgaben oder Tests dienen zur Evaluation und c) die Auswirkung der Therapie auf Alltagsleistungen wird beurteilt.

Spezifisches Training bei spezifischen Aufmerksamkeitsstörungen

5.3.1　ORM-Training

Ben-Yishay et al. (1987) entwickelten ein Trainingsprogramm (ORM = *O*rientation *R*emediation *M*odule: s. Anhang) zur Behandlung der am häufigsten nach Schädel-Hirn-Traumen zu beobachtenden Aufmerksamkeitsstörungen: a) Unzureichende Wachheit (Alertness), b) Aufmerksamkeitsschwankungen mit mangelnder Fähigkeit zur selektiven Aufmerksamkeitszuwendung, c) Schwierigkeiten bei der Aufrechterhaltung fokussierter Aufmerksamkeit über längere Zeit (Vigilanz) und d) verzögerte, schlecht angepasste oder perseverierende Reaktionsweisen. Sowohl der theoretische Ansatz als auch die praktische Durchführung erfolgte in enger Anlehnung an die Aufmerksamkeitstheorie von Posner (Posner & Rafal, 1987). Bei dem apparativen Training wurden die genannten Aufmerksamkeitsstörungen in hierarchischer Weise mit hypothetisch ansteigendem Komplexitäts- und Schwierigkeitsgrad sukzessiv von a nach d behandelt. Das Training bestand aus fünf verschiedenen Übungen. In der ersten Übung sollten die Patienten mit Hilfe einer visuellen Reaktionsaufgabe mit Reaktions-Feedback trainiert werden, auf Umgebungssignale zu achten und zu reagieren. Bei der zweiten Übung sollte insbesondere die Ablenkbarkeit der Patienten verringert werden (Selective Attention). Die dritte Übung zielte auf eine aktive Beobachtung der Umgebung mit Suche und Identifikation relevanter Signale ab. In der vierten Übung wurde der Patient trainiert, sich auf interne Reize zu verlassen. Hierzu sollte das Verstreichen einer bestimmten Zeitspanne geschätzt werden. Als Hilfe diente eine große Stoppuhr, deren Schrittrhythmus (in Zehntelsekunden) internalisiert werden sollte. Als zusätzliche Hilfen konnte der Patient zeitlich festgelegte Körperbewegungen oder zunächst laut ausgesprochene, später stille Zählsysteme oder visuelle Vorstellungsbilder benutzen. Die fünfte und letzte Übung zielte auf die zeitliche Sequenzierung von Reaktionen ab. Der Patient sollte hierbei versuchen, auf einer Morsetaste verschiedene Rhythmen zu imitieren. Das Trainingsprogramm wurde

71

über einen Zeitraum von sechs Jahren bei 40 jungen Patienten nach schweren, chronischen kriegsbedingten Schädel-Hirn-Verletzungen erprobt und schließlich in einer computergesteuerten Variante ganz am Bildschirm dargeboten (Piasetzky et al., 1983). Alle 40 Patienten waren vor Beginn des Trainings schon intensiven Rehabilitationsmaßnahmen unterzogen worden und zeigten über drei Monate hinweg eine stabile Leistungs-Baseline, die mit Hilfe einer umfangreichen Testbatterie erfasst wurde (Rattok et al., 1982). Der Trainingserfolg wurde an den zum Training verwendeten Geräten direkt gemessen, wo sich in allen fünf Übungen nach dem Training eine signifikante Verbesserung zeigte.

Tests nicht als Training verwenden! Die fünf Übungen wurden bei jedem Patienten in immer gleicher Reihenfolge durchgeführt. Deshalb konnte bei 11 Patienten die Auswirkung der gerade abgeschlossenen Übung auf die Baseline-Werte für die nächste Übung geprüft werden. Es zeigte sich keinerlei Transfer von einer auf die jeweils nachfolgende Übung, sondern nur eine Leistungsverbesserung im unmittelbar trainierten Aufmerksamkeitsbereich, d. h., die Trainingseffekte waren sehr spezifisch. Da Trainingsaufgaben und Kontrolltests beim ORM-Training identisch sind, könnten die Ergebnisse jedoch möglicherweise nur triviale Übungseffekte für die trainierten Aufgaben widerspiegeln. Allerdings gab es auch eine Leistungssteigerung bei einer einfachen Reaktionsaufgabe und bei einem Bilderergänzungstest. Eine Überprüfung der zeitlichen Stabilität der Trainingseffekte bei 5 Patienten über 6 Monate hinweg ergab stabile Leistungsverbesserungen.

5.3.2 Attention Process Training APT

Auch Sohlberg und Mateer (1987) berichteten über eine hochspezifische Wirksamkeit eines von Ihnen an vier Patienten evaluierten Aufmerksamkeitstrainings. Sie konnten im Einzelfall lediglich für Aufmerksamkeitsfunktionen Verbesserungen feststellen, nicht jedoch für visuo-kognitive und Gedächtnisleistungen. Das von ihnen entwickelte „Attention Process Training" (APT; s. Anhang) umfasst folgende Übungen

– *Training der Aufmerksamkeitsfokussierung:* Entdeckung auditiv dargebotener Zielreize
– *Training der Daueraufmerksamkeit:* Überwachung auditiv dargebotener Stimulussequenzen mit ansteigendem Schwierigkeitsgrad (z. B. Reaktion auf „h" oder „b"; Reaktion auf Verwechslungen in der natürlichen Reihenfolge der Monate, z. B. wenn „Dezember" vor „Oktober" genannt wird.
– *Training selektiver Aufmerksamkeit:* Bearbeitung von Stimulussequenzen mit störenden Hintergrundgeräuschen; rasche visuelle Reizdiskrimination; Steckbrettaufgaben mit Störgeräuschen. Erlernen von Techniken zur Vermeidung „innerer" (d. h. mentaler) Ablenkung.

– *Training des Aufmerksamkeitswechsels:* Additions/Subtraktions-Flexibilität; Übungen zum Bearbeiten simultaner Sequenzen: auf Zuruf sollen abwechselnd gerade oder ungerade Zahlen in Zahlenreihen angekreuzt bzw. zwei Zahlen entweder addiert oder subtrahiert werden. Wörter mit Stroop-Effekt (s. Kap. 4.1.2.3) sollen gelesen werden:
GROSS, klein, KLEIN, gross, GROSS, KLEIN, gross, klein, gross oder
gross, klein, klein gross, gross, klein, klein, klein etc.
– *Training der Aufmerksamkeitsteilung:* „Dual task" mit gleichzeitiger Verarbeitung visuo-motorischer und auditiver Informationen: z. B. Verfolgen eines Ziels auf dem Computerbildschirm, während gleichzeitig eine Aufgabe zur auditiven Daueraufmerksamkeit bearbeitet wird.

Die Trainingsaufgaben sind Testaufgaben sehr ähnlich und zeigen – mit Ausnahme der Rechenaufgaben – nur wenig Alltagsbezug.

Das Training ist in zwei Versionen (eine speziell für Patienten nach leichtem Schädel-Hirn-Trauma) zu beziehen über www.lapublishing.com.

5.3.3 Computertraining

Bei der Aufmerksamkeitstherapie werden in zunehmendem Maße computergestützte Therapieverfahren auf dem Markt angeboten und auch eingesetzt. Allerdings gibt es bisher nur zu wenigen der verwendeten Therapieprogramme Effizienzstudien. Einen Überblick über die verfügbaren Programme gibt der vom Kuratorium ZNS zum Thema „Computer helfen heilen" herausgegebene Softwarekatalog (Kuratorium ZNS, Bonn; www.kuratorium-zns.de).

Lamberti und Mitarb. (1988) führten sowohl bei Psychosepatienten als auch bei vaskulär Hirngeschädigten ein computergestütztes Training, insbesondere zur Verringerung der Reaktionsvariabilität und zur Verbesserung der Daueraufmerksamkeit durch. Ziel des Trainings war es, dass die Patienten optimal von einem in variablen Abständen vor einem Reaktionsreiz dargebotenen Warnreiz profitierten (Training der „phasischen Alertness"). Hierzu wurden den Patienten verschiedene Hilfsstrategien vermittelt, die vom „inneren Mitzählen" (bei bekanntem Warnreiz-Stimulus-Intervall) bis zum selbstinduzierten „Gedankenstop" (zur Kontrolle interner Störreize) reichten. Neben Verbesserungen in verschiedenen Aufmerksamkeitsfunktionen (einfache und selektive Aufmerksamkeit, Verringerung der Streubreite von Reaktionszeiten) stellten die Autoren auch trainingsabhängige Leistungssteigerungen bei verbalen Gedächtnisleistungen fest.

Die Frage, ob sich kommerzielle Computerspiele als Aufmerksamkeitstraining verwenden lassen, wurde von Gray et al. (1992) untersucht. Sie verglichen die Effektivität eines computergestützten Aufmerksamkeitstrainings, welches Reaktionsschnelligkeitsübungen, ein Training im Zahlen-Symbol-Test, eine Stroop-Aufgabe und eine Aufgabe zur geteilten Aufmerksamkeit enthielt, mit der Wirksamkeit verschiedener traditioneller Computerspiele (Problemlöseaufgaben, Anagramm-Puzzle und Ähnliches). Als Kontroll-aufgaben zur Überprüfung der Effektivität wurden der PASAT und der Untertest „rechnerisches Denken" aus der Wechsler-Adult-Intelligence-Scale (WAIS) verwendet. Obwohl es am Ende des jeweiligen Trainings kaum Unterschiede zwischen den beiden Gruppen gab, ließen sich mit Hilfe des Aufmerksamkeitstrainings in den beiden genannten Tests bessere Langzeiteffekte über sechs Monate hinweg erzielen.

Keine über Spontanremission und Testwiederholungseffekte hinausgehen-den spezifischen Effekte fanden Ponsford und Kinsella (1988) nach einem von ihnen durchgeführten Aufmerksamkeitstraining bei traumatisch hirn-geschädigten Patienten.

5.3.3.1 AIXTENT u. a.

Alltagsähnliche Therapie-verfahren

Sturm et al. (1993) entwickelten computergestützte Trainingsprogramme (AIXTENT) zur Therapie von Störungen der Alertness, der Vigilanz, der selektiven Aufmerksamkeit und der geteilten Aufmerksamkeit. Die Pro-gramme sind spielähnlich aufgebaut und stellen die entsprechenden Auf-merksamkeitsparadigmen in alltagsähnlichen Situationen dar:

- *Alertnesstraining:* Ein Rennwagen oder ein Motorrad müssen bei ra-scher Fahrt rechtzeitig vor einem Hindernis gestoppt werden (Abbil-dung 25).
- *Vigilanztraining:* Radarbeobachtung (Entdeckung selten auftauchender Flugobjekte); Fließbandaufgabe (Entdeckung fehlerhafter Artikel)
- *Training selektiver Aufmerksamkeit:* Beim Tontaubenschießen oder bei einer Fotosafari dürfen nur bestimmte Objekte oder Objektkombinatio-nen beachtet werden.
- *Training der Aufmerksamkeitsteilung:* In einem Flugzeugcockpit ist gleichzeitig auf den Horizont, die Fluggeschwindigkeit und auf even-tuelle Motoren„aussetzer" zu achten (Abbildung 26).

Zur Kontrolle der Therapieeffekte wurden die entsprechenden Untertests der Aufmerksamkeitstestbatterie von Zimmermann und Fimm (TAP, siehe Abschnitt „Diagnostik") herangezogen. Diese repräsentieren zwar die glei-chen Aufmerksamkeitsfunktionen wie die Trainingsprogramme, benutzen hierzu aber völlig andere Aufgabenstellungen. Patienten mit vaskulären, einseitigen Hirnläsionen und Aufmerksamkeitsdefiziten in mindestens zwei Aufmerksamkeitsbereichen wurden in jeweils 14 einstündigen Trainings-sitzungen in einem der gestörten Funktionsbereiche behandelt. Die Ergeb-nisse zeigten, dass insbesondere in den Aufmerksamkeitsbereichen Alert-

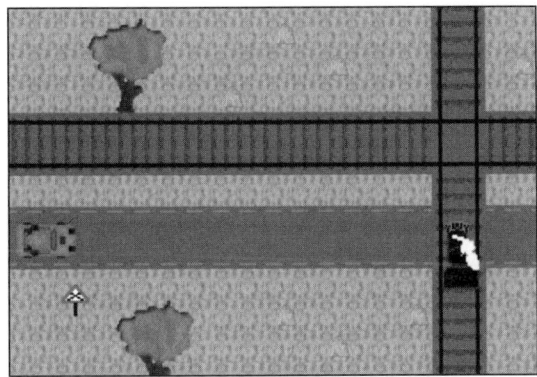

Abbildung 25:
Szene aus dem AIXTENT-Programmodul „Rennwagen" zur Alertness-Therapie.

Abbildung 26:
AIXTENT-Subroutine „Cockpit" (Training der Aufmerksamkeitsteilung): Stufe mit zwei visuellen Teilaufgaben (Horizont und Tachometer).

ness und Vigilanz (Intensitätsaspekte der Aufmerksamkeit) nur das jeweils spezifische Training Wirkung zeigte, dass bei den komplexeren Aufmerksamkeitsfunktionen der selektiven und geteilten Aufmerksamkeit aber auch ein Training der Aufmerksamkeitsintensität zur Verbesserung der Reaktionsschnelligkeit (d. h. dem Intensitätsaspekt der jeweiligen Aufgabe) beitragen konnte. Die Selektivitätsaspekte (Anzahl der Reaktionsfehler) ließen sich jedoch auch hier nur durch die spezifischen Programme positiv beeinflussen (Sturm et al., 1994, 1997). Außerdem konnten die Autoren nachweisen, dass insbesondere bei Störungen elementarer Aufmerksamkeitsfunktionen ein „falsches" Training, welches zu komplexe Anforderungen an die Aufmerksamkeit stellt, zu einer weiteren Verschlechterung der Aufmerksamkeitsleistungen führen kann. Eine multizentrische Studie zur Effizienz der gleichen Programme bei traumatisch hirngeschädigten Patienten (Sturm et al., 2003) sowie eine Anwendung der AIXTENT-Programme bei Patienten mit multipler Sklerose (Plohmann et al., 1998) führten zu nahezu identischen Ergebnissen, wobei in letzterer Studie auch positive Auswirkungen auf Alltagsleistungen berichtet wurden. Auch die

Negative Auswirkung unspezifischer Therapie

Resultate einer Pilotstudie zur Effektivität von Aufmerksamkeits- und Gedächtnistrainings bei Hirntraumatikern (Höschel et al., 1996), bei der REHACOM-Aufmerksamkeits-Trainingsprogramme (Aufmerksamkeit und Konzentration, Geteilte Aufmerksamkeit, Vigilanz, Reaktionsfähigkeit) eingesetzt wurden, weisen in die gleiche Richtung, so dass es mittlerweile zahlreiche Hinweise dafür gibt, dass

– vor der Planung einer Aufmerksamkeitstherapie eine sorgfältige Diagnostik zur genauen Definition der Aufmerksamkeitsdefizite erforderlich ist und
– Defizite der Aufmerksamkeitsintensität (Alertness- oder Vigilanzstörungen) mit spezifischen Therapieverfahren behandelt werden müssen.

Ähnliche Therapieansätze werden auch in den Aufmerksamkeitstrainingsmodulen von COGPACK (Reaktion, Vigilanz; s. Anhang) verfolgt. Während alle AIXTENT-Trainingsmodule computerspiel- und alltagsähnliche Trainingsansätze darstellen, sind zumindest einige der REHACOM- und COGPACK-Programme sehr testähnlich aufgebaut, was eine Evaluation des Trainingserfolgs mithilfe weiterer Leistungstests auf Grund trivialer Übungseffekte erschweren kann.

Eine Verbesserung insbesondere elementarer Aufmerksamkeitsfunktionen scheint – im Gegensatz z. B. zu Gedächtnisfunktionen – durch eine Stimulationstherapie erzielt werden zu können, ohne dass der Patient hierzu spezielle Strategien erlernen muss. Eine Funktionsverbesserung in diesem Bereich kann somit als ein Restitutions- und weniger als ein Kompensationsprozess verstanden werden.

Effektives Aufmerksamkeitstraining führt zu einer funktionellen Reorganisation

Ein direkter Hinweis auf derartige Restitutionsprozesse konnte von Longoni und Mitarbeitern (2000) in einer longitudinalen PET-Aktivierungsstudie an zwei Patienten mit Alertness-Defiziten nach rechtshemisphärischer vaskulärer Schädigung gefunden werden. Ziel der Studie war die Erfassung individueller Veränderungen des funktionellen Netzwerkes für Alertness nach einem spezifischen Training in Abhängigkeit vom Trainingserfolg. Die Patienten wurden mit dem Unterprogramm Alertness aus dem computergestützten AIXTENT Aufmerksamkeitstraining behandelt. Vor und nach dem Training erfolgte jeweils eine PET- und eine neuropsychologische Untersuchung zur Erfassung von Aufmerksamkeitsstörungen und Hemineglect. Einer der beiden Patienten erzielte signifikante Leistungsverbesserungen. Bei diesem Patienten zeigte sich nach dem Training eine teilweise Restitution des rechtshemisphärischen funktionellen Netzwerks, welches sich bei Gesunden als relevant für die intrinsische Alertness-Kontrolle erwiesen hat (s. Kap. 3.1.3). Bei dem zweiten Patienten, der keine Verbesserung zeigte, ergab sich nach dem Training lediglich eine deutliche linkshemisphärische Aktivierung im PET (Abbildung 27).

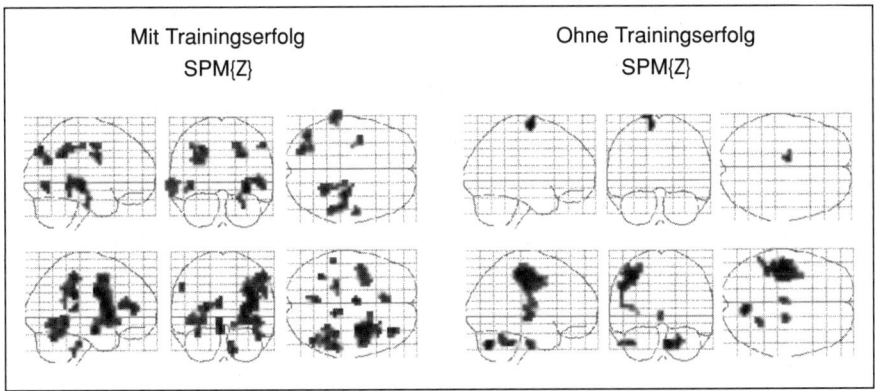

Mit Trainingserfolg	Ohne Trainingserfolg
SPM{Z}	SPM{Z}

Abbildung 27:

PET-Aktivierungen während der Durchführung einer Alertness-Aufgabe vor (jeweils obere Reihe) und nach (jeweils untere Reihe) einem Alertness-Training bei je einem Patienten mit bzw. ohne Trainingserfolg. Nur die Patientin mit Trainingserfolg zeigt eine funktionelle Wiederherstellung des rechtshemisphärischen fronto-parietalen Alertness-Netzwerks.

Ähnliche Ergebnisse mit überwiegend rechts frontalen Reaktivierungen zeigten sich bei zwei weiteren Patienten, die ebenfalls von einem Alertness-Training profitierten. Ein Gedächtnistraining konnte demgegenüber weder eine konsistente Verbesserung der Alertness-Leistung noch eine vergleichbare funktionelle Reorganisation bewirken (Sturm et al., 2004)

Die Ergebnisse zeigen, dass sich die Effektivität von spezifischer Aufmerksamkeitstherapie nicht nur auf der Verhaltensebene, sondern auch durch korrespondierende Reorganisationen in aufmerksamkeitsrelevanten Hirnarealen nachweisen lässt.

5.4   Sonstige Therapieansätze

Die in Kap. 5.2 und 5.3 beschriebenen stimulierenden und aktivierenden Verfahren müssen jedoch ggflls. durch andere Maßnahmen (z. B. Selbstinstruktionstechniken) und verhaltenstherapeutische Methoden, durch Hilfen bei der Organisation des Alltags (z. B. Vermeidung von Ablenkung, Einlegen von Pausen, s. Niemann et al., 1990) aber auch durch Einbeziehung und Neuorganisation des Patientenumfelds ergänzt werden.

5.4.1   Selbstinstruktionstechniken

Robertson et al. (1995) konnten zeigen, dass bei Patienten mit Halbseitenneglect ein Selbstinstruktionstraining (nach der Methode von Meichenbaum: Meichenbaum & Cameron, 1973) sowohl die Daueraufmerksamkeit als auch die Neglectsymptome verbesserte. Das Training wurde in mehreren Stufen durchgeführt. Während der Ausführung einer räumlichen Sortieraufgabe (Sortieren von Münzen, Karten, Formen) klopfte der Therapeut zunächst alle 20–40 s mit der Hand auf den Tisch und sagte „aufpassen (attend)". Im nächsten Schritt sollte der Patient selbst „attend" sagen, sobald der Therapeut klopfte. Anschließend übernahm der Patient sowohl das Klopfen als auch die laute Instruktion, die im nächsten Schritt dann nur noch geflüstert werden sollte. Im letzten Schritt sollten sowohl Klopfen als auch die Instruktion internalisiert, d. h. nicht mehr äußerlich gezeigt sondern nur noch „innerlich gesagt" werden. Die Patienten wurden dann aufgefordert, diese Strategie auch im Alltag beizubehalten, was den meisten Patienten auch über eine längere Zeitspanne hinweg gelang.

5.4.2 Verhaltenstherapeutisch orientierte Ansätze

Wenn eine Funktionsstörung vorliegt, die nicht ohne Probleme der Störung einer bestimmten Aufmerksamkeitsfunktion zugeordnet werden kann, mag es sinnvoll erscheinen, diese Funktion direkt zu trainieren. Wilson und Robertson (1992) therapierten einen Patienten, der nach einer schweren Hirnschädigung Probleme hatte, an einem Text, den er las „dranzubleiben". Zunächst sollte der Patient bei sich selbst beobachten, wie oft seine Aufmerksamkeit beim Lesen „wegdriftete". Während des Trainings sollte er dann zunächst nur während sehr kurzer Perioden lesen. Wenn er es schaffte, eine bestimmte Periode ohne Aufmerksamkeitsaussetzer zu bewältigen wurde die Lesedauer in der folgenden Sitzung um 10 % erhöht. Über 40 Tage hinweg wurden 160 Therapiesitzungen durchgeführt, wobei das Ziel erreicht wurde, eine Lesezeit von 5 Minuten ohne ein Wegdriften der Aufmerksamkeit durchzuhalten. Der Trainingserfolg generalisierte auch auf andere, nicht geübte Texte, jedoch nicht auf andere Bereiche außerhalb des Lesens. Auch Wood (1986) konnte bei Schädel-Hirn-Trauma-Patienten mithilfe eines Token-Economy-Programms eine Reduktion der Ablenkbarkeit erzielen. Manly et al. (2002) trainierten SHT-Patienten mit Störungen exekutiver Funktionen, die Probleme beim „task switching", d. h. bei der Organisation mehrerer gleichzeitig innerhalb einer bestimmten Zeitspanne zu bearbeitender Aufgaben hatten. Ein periodisch wiederkehrender Warnton („phasische Alertness") erinnerte die Patienten an das Ziel, innerhalb der vorgegebenen Zeit wenigstens etwas von jeder Aufgabe zu bewältigen und sich nicht an einer Teilaufgabe „festzubeißen". Mithilfe des Tons gelang es den Patienten, ihre Leistung bis in den Normalbereich hinein zu steigern. Die Ergebnisse zeigen, dass verhaltenstherapeutische, lerntheoretisch orientierte Therapieansätze die Auswirkungen von Aufmerksamkeitsstörungen modulieren können. Außerdem können diese Methoden relativ einfach in den unterschiedlichsten Situationen angewandt werden.

5.5   Auswirkung der Therapie auf Alltagsleistungen

Studien zur Effektivität von Aufmerksamkeitstraining auf der Alltagsebene sollten zwar einerseits besonders wichtige Aussagen über die Relevanz des Therapieansatzes liefern, sind aber gleichzeitig mit besonders großen messtheoretischen Problemen konfrontiert. So sind globale Einschätzungen des wiedererlangten beruflichen Status oder der Fähigkeit zu unabhängigem Leben meist zu grob, um einen möglichen Zusammenhang mit der Therapie zu erfassen. Die Ergebnisse von Fragebögen und standardisierten Interviews sind angesichts der oft verminderten Einsichtsfähigkeit und Selbstwahrnehmung der Patienten und der Subjektivität dieses Evaluations-Mediums oft nicht weniger problematisch (Hillier, 1997; Sbordone et al., 1998). Zudem ist es sehr schwierig, die experimentell gut unterscheidbaren Aufmerksamkeitsbereiche auch in Alltagssituationen zu differenzieren (s. Abschnitt Diagnostik). Dennoch kommen einige Studien zu der Aussage, dass eine Therapie von Aufmerksamkeitsfunktionen sich auf Alltagsfunktionen positiv auswirkt. Sivak et al. (1984) sowie Kewman und Mitarbeiter (1985) berichteten über verbesserte Fahrfähigkeit nach einem Training der Aufmerksamkeit und perzeptiver Fertigkeiten. Wood und Fussey (1987) fanden, dass die Patienten sich nach einem Aufmerksamkeitstraining besser auf andere Therapieaufgaben konzentrieren konnten. In der bereits oben erwähnten Studie von Plohmann et al. (1998) zeigten sich nach einem computergestützten Aufmerksamkeitstraining in einem Fragebogen (FEDA, s. Abschnitt Diagnostik) signifikante Verbesserungen. Die Patienten berichteten über geringere Ermüdbarkeit und mentale sowie physische Verlangsamung und über eine geringere Ablenkbarkeit. In einer Reihe von Studien fand sich neben einer Verbesserung von Ergebnissen in formalen Aufmerksamkeits- und Gedächtnistests auch eine höhere Rate von Patienten, die nach der Therapie in der Lage waren, unabhängig zu leben und wieder einen Beruf auszuüben.

Sohlberg und Mitarbeiter (2000) führten bei 14 Patienten in variierter Reihenfolge jeweils 10 Wochen lang das weiter oben beschriebene Attention-Process-Training (APT) und ein unterstützendes Placebo-Training durch. Letzteres bestand aus einer Kombination von Entspannungsübungen und Informationen über Hirnschädigungsfolgen. In strukturierten Interviews und mit Hilfe von Fragebögen (The Attention Questionnaire AQ: Sohlberg et al., 1994; Brock Adaptive Functioning Questionnaire BAFQ: Dywan & Segalowitz, 1996; Dysexecutive Questionnaire DEX: Wilson et al., 1996) wurde die Auswirkung beider Therapiearten auf den Alltag der Patienten und auf Testergebnisse im Aufmerksamkeits- und Gedächtnisbereich erfasst. Während das APT zu Verbesserungen sowohl alltagsbezogener kognitiver Funktionen (z. B. Ausdauer beim Anschauen eines Kinofilms, Erinnern von Telefonnummern) als auch zu Verbesserungen bei den Testleistungen

Transfer auf Alltags-leistungen

79

führte, zeigten sich positive Effekte des Placebo-Trainings vorwiegend bei Selbsteinschätzungen psychosozialer Funktionen (z. B. sich wohl fühlen, besseres Verständnis von Hirnschädigungsproblemen, erhöhte Zuversicht).

Aufmerksamkeitstraining bei M. Alzheimer Adam und Mitarbeiter (2000) werteten ein Diagnose- und Therapieprogramm aus, welches bei einer 70-jährigen Alzheimer-Patientin durchgeführt worden war, um die Auswirkung kognitiver Defizite auf ihre häuslichen Strickaktivitäten zu erfassen. Eine Analyse der für das Stricken notwendigen kognitiven Prozesse zeigte, dass insbesondere Arbeitsgedächtnisleistungen, selektive Aufmerksamkeit und Planungsfähigkeiten für diese Tätigkeit von Bedeutung sind. Hinzu kommen prozedurale Fähigkeiten und semantisches Wissen über die Stricktechniken. Die neuropsychologische Untersuchung dieser Komponenten ergab, dass bei der Patientin semantisches und prozedurales Wissen intakt waren. Einen negativen Einfluss hatten jedoch Störungen der selektiven Aufmerksamkeit (insbesondere gestörte Inhibitionsprozesse) als auch ein reduziertes Arbeitsgedächtnis und Probleme bei der Planung der Arbeitsabläufe. Um den Einfluss der selektiven Aufmerksamkeit zu minimieren, wurden das Strickmuster vergrößert und irrelevante Informationen weggelassen. Zur Vermeidung von Arbeitsgedächtnis- und Planungsproblemen, die beim Übertragen des Musters auf die Strickaktivität und beim graduellen Verfolgen der verschiedenen Musterteile entstanden, wurden die einzelnen Musteranteile kopiert und für die jeweilige Passage separat zur Verfügung gestellt. Außerdem sollte die Patientin die Musterteile, die sie bereits gestrickt hatte, ausstreichen. Zusätzlich wurden die verschiedenen Musterteile durch Zahlen kodiert. Die Strickleistung der Patienten stieg danach erheblich an und es ergab sich zudem ein generalisierender Effekt auf andere Alltagsaktivitäten, indem die Patienten insgesamt mehr Initiative zeigte und insbesondere im Haushalt aktiver wurde. Auch ihre Apathie und Depression besserten sich deutlich und ihr Ehemann wurde entlastet.

Dennoch ist dieser Bereich der bisher am wenigsten erforschte und eine systematische Zuordnung von Aufmerksamkeitsparadigmen zu Alltagsfunktionen steht noch aus. Insbesondere wäre hier eine enge Kooperation mit Forschern im Bereich der Arbeitspsychologie erforderlich, um Beschreibungen von Aufmerksamkeitsanforderungen in bestimmten Berufsfeldern erstellen zu können.

5.6 Therapieleitlinien für die klinische Praxis

Bei der Therapie von Aufmerksamkeitsstörungen ist eine sorgfältige Diagnostik Voraussetzung, da sich in mehreren Therapiestudien gezeigt hat, dass die Therapie spezifisch auf das jeweilige Defizit zugeschnitten sein muss. Insbesondere bei Störungen elementarer Aufmerksamkeitsfunktionen (Alertness, Vigilanz) kann es bei Anwendung zu komplexer Therapieprogramme zu Leistungsverschlechterungen kommen. Bewährt haben sich computergestützte Therapieverfahren, welche spezifische Aufmerksamkeitsleistungen in alltagsähnlichen Situationen trainieren. Eine Auflistung der Bezugsquellen derartiger Verfahren findet sich im Anhang.

Die Therapie sollte ein Training in verschiedenen sensorischen Modalitäten und verschiedenen Komplexitätsstufen umfassen. Eine Einbeziehung des Therapeuten zur Überwachung des Trainingsfortschritts mit Rückmeldung an den Patienten und zum Einüben bestimmter Strategien wird empfohlen. Ein Fazit aller Effizienzstudien ist, dass eine ausreichende Anzahl und eine hohe zeitliche Dichte von Therapiesitzungen notwendig ist, um positive Ergebnisse zu erzielen. Einige wenige und zeitlich weit auseinanderliegende Sitzungen bewirken in der Regel kaum etwas.

Diese übenden Verfahren müssen jedoch ggflls. durch andere Maßnahmen wie z. B. verhaltenstherapeutische Methoden, durch Hilfen bei der Organisation des Alltags (z. B. aber auch durch Einbeziehung und Neuorganisation des Patientenumfelds ergänzt werden. Hierzu kann die Umgestaltung von Arbeitsplatz und häuslichem Umfeld gehören, die einerseits „reizarm" zur Vermeidung von Ablenkungen, andererseits z. B. durch farbliche Markierung des eigentlichen Arbeitsbereichs „aufmerksamkeitsfokussierend" gestaltet werden sollten. Angehörige und Kollegen, die als Ko-Therapeuten mit einbezogen werden können, sollten über die Einschränkungen der Aufmerksamkeitskapazität eines Patienten informiert werden und so selbst eine Reizüberflutung vermeiden. Dies kann durch bestimmte Regeln bei der Kommunikation, durch überschaubare Aufgabengestaltung, reduziertes Anforderungstempo und durch strikte Einhaltung von Pausenzeiten unterstützt werden.

6 Fallbeispiele

6.1 Training der selektiven Aufmerksamkeit bei einem Patienten mit chronischer Aphasie

Diagnosen:

- Stammganglienblutung links (ICD:J 431.6)
- schwere brachiofacial betonte Hemiparese rechts (ICD:G 342.1)
- globale Aphasie (ICD:R 784.3)

Epikrise:

Der 52-jährige Patient erlitt eine linksseitige Stammganglienblutung, die wegen raumfordernden Charakters eine operative Ausräumung und die Anlage einer Ventrikeldrainage erforderlich machte. Im CCT zeigte sich eine intrakranielle Blutung im Bereich der lateralen Stammganglien links mit einer Ausdehnung von ca. 3 x 6 x 4 cm mit umgebendem Ödem und raumfordernder Wirkung mit Kompression des linken Seitenventrikels sowie eine Mittellinienverlagerung von ca. 1 cm. Linkshemisphärisch ließ sich das Kortexrelief nicht mehr abgrenzen. Ein Kontroll-CT zeigte nach operativer Ausräumung eine deutlich rückläufige raumfordernde Wirkung. Die zerebrale Angiographie konnte keine Gefäßmalformation nachweisen. Initial lag eine globale Aphasie mit hochgradiger Hemiparese rechts vor. Herr B. perseverierte bei fast völlig aufgehobenem Sprachverständnis nur wenige Silben.

Neuropsychologische Aufmerksamkeitstherapie:

Während einer stationären rehabilitativen Behandlung (6 Monate nach dem Insult) mit Schwerpunkt Aphasietherapie wurde Herr B. mittels verschiedener computergestützter Aufmerksamkeitstests aus der TAP untersucht. Ausgehend von der Hypothese, dass Läsionen der linken Hirnhälfte besonders häufig zu Störungen der Aufmerksamkeitsselektivität führen, wurde auf eine detaillierte Erfassung dieses Funktionsbereichs besonderer Wert gelegt.

Verhalten während der neuropsychologischen Untersuchung:

Die sprachliche Kommunikation erwies sich als schwer gestört. Meist gelang dem Patienten nur die Bestätigung oder Verneinung von Fragen des Untersuchers durch „Ja" bzw. „Nein". Die übrigen Äußerungen bestanden aus Automatismen („ich nicht), aus vereinzelten neologistischen Wörtern oder Fragmenten von inhaltsarmen Floskeln. Die Artikulation war, soweit beurteilbar, leicht dysarthrisch mit Störung der Prosodie und verlangsamter Sprechgeschwindigkeit.

Herr B. war sehr freundlich und kooperativ, er machte jedoch mehrfach den Eindruck, mit sich und seinem Schicksal zu hadern. Er gab während der Testbearbeitung häufig zu verstehen, dass er bestimmte Teilaufgaben wohl nicht lösen könne und musste dann motiviert werden, wobei er auch auf vorherige erfolgreiche Aufgabenlösungen hingewiesen wurde. Herr B. gab auch zu verstehen, dass sich durch die Erkrankung für ihn alles geändert habe und nichts mehr so sei wie vorher. Die Sprachtherapeuten berichteten eine erhöhte Ablenkbarkeit und Störbarkeit des Patienten während der Sprachtherapie.

Testbatterie zur Aufmerksamkeitsprüfung TAP
(Erstuntersuchung)

Alertness (allgem. Aktivierungsniveau): Reaktionsmedian = 224 msec (Prozentrang 76; gut durchschnittlich bis überdurchschnittlich). Bei zusätzlicher Vorgabe eines Warntons konnte der Patient sein Aufmerksamkeitsniveau entgegen der Erwartung nicht weiter steigern, vielmehr verlängerten sich seine Reaktionszeiten auf einen Reaktiosmedian von 245 msec. Diese warntoninduzierte Reaktionszeitänderung war bei einem Prozentrang von 7 unterdurchschnittlich.

Go/Nogo – Bed. 2 (selektive visuelle Aufmerksamkeit; selektives Reagieren auf 2 von 5 Reizmustern): Reaktionsmedian = 611 msec (PR 21; leicht unterdurchschnittlich); 7 Auslassungen (PR 1) und 4 Fehlreaktionen (PR 1).

Geteilte Aufmerksamkeit/Quadrate und Töne (Aufmerksamkeitskapazität; simultane Verarbeitung crossmodaler Reize): Reaktionsmedian = 747 msec (PR 14; leicht unterdurchschnittlich); 4 Auslassungen (Quadrate; PR 5; unterdurchschnittlich), 2 Fehlreaktionen (unauffällig)

Geteilte Aufmerksamkeit/Quadrate (Erkennen spezifischer, kurzzeitig auftretender Reizkonfigurationen): Reaktionsmedian = 838 msec (verlangsamt); 4 Auslassungen (unterdurchschnittlich)

Geteilte Aufmerksamkeit/Töne (selektive auditive Aufmerksamkeit): Reaktionsmedian = 552 msec (verlangsamt); 2 Auslassungen (leicht unterdurchschnittlich), keine Fehlreaktion

Ausgehend von diesen Resultaten wurde dem Patienten eine computergestützte Aufmerksamkeitstherapie angeboten. Der Störungsschwerpunkt lag wie vermutet im selektiven visuellen Aufmerksamkeitsbereich (siehe Go/NoGo-Test, Geteilte Aufmerksamkeit/Quadrate; Verschlechterung der Reaktionszeiten bei der phasischen Alertnessbedingung = Inhibitionsproblem). Die Fähigkeit zur kognitiven Kontrolle der Aufmerksamkeitsaktivierung (intrisische Alertness) war dagegen unauffällig. Es wurden daher 14 Einzelsitzungen à 30 min. mit dem Unterprogramm „Fotografieren" aus dem Therapieprogramm AIXTENT zur Behandlung des selektiven Aufmerksamkeitsdefizites durchgeführt. Das Programm wurde im adaptiven Modus betrieben. Am Ende der Therapiesitzungen hatte der Patient die höchste Leistungsstufe bei kontinuierlichen Leistungsverbesserungen erreicht. Der Patient wurde zu Beginn der Therapie aufgefordert, möglichst Fehler zu vermeiden, später wurde er ermutigt, ggf. auf Kosten geringfügig erhöhter Fehlerzahlen auch ein höheres Reaktionstempo zu „riskieren".

Zur Kontrolle des Therapieverlaufs wurden die TAP-Untertests nach erfolgter Aufmerksamkeitstherapie erneut durchgeführt:

	Untersuchung 1	Untersuchung 2
	initial	nach Aixtent
Alertness (Reaktionsmediane)		
PR ohne Warnton	76	66
PR mit Warnton	38	38
phasische Alertness PR	7	16
Geteilte Aufmerksamkeit		
RT-Median PR Quadrate/Töne	14 (T = 39)	5 (T = 34)
Auslassungen Quadrate/Töne	4	3
Fehlreaktionen Quadrate/Töne	2	0
Auslassungen Quadrate	4	0
Fehlreaktionen Quadrate	0	0
Auslassungen Töne	2	1
Fehlreaktionen Töne	0	0
Selektive Aufmerksamkeit		
Reaktionsmedian PR	21 (T = 42)	42 (T = 48)
Auslassungen	7	0
Fehlreaktionen	4	1

Aus den TAP-Ergebnissen wird deutlich, dass sich sowohl bei der Geteilten Aufmerksamkeit/Quadrate (also der reinen selektiven Aufmerksamkeitsbedingung) hinsichtlich der Zahl der Auslassungen als auch im Go/Nogo-Test bzgl. der Reaktionsgeschwindigkeit und der Fehlerzahlen z. T. Verbesserungen ergeben haben, die signifikant waren (T-Wert-Unterschied für die Reaktionsgeschwindigkeit beim Go/NoGo-Test: 6; Kritische T-Wert-Differenz, 10 %-Niveau, abgeleitet aus der Reliabilität von 0,92: 6; s. a. Kap. 4.2.9). Die intrinsische Aufmerksamkeitsaktivierung (Alertness ohne Warnreiz) bleibt auf gut durchschnittlichem Niveau, die Fähigkeit zur Aufmerksamkeitsteilung ist hinsichtlich der Anzahl an Auslassungen/Fehlreaktionen unverändert. Obwohl im AIXTENT-Trainingsprogramm „Fotografieren" kein explizites Sakkadentraining durchgeführt wird, ergab sich somit auch eine deutliche Verbesserung beim Absuchen des Gesichtsfeldes nach einer spezifischen Reizkonfiguration (Geteilte Aufmerksamkeit/Quadrate).

Die Aufmerksamkeitsleistungen des Patienten lagen nach durchgeführter Therapie fast durchweg im durchschnittlichen Bereich. Ausgenommen hiervon ist die Reaktionsgeschwindigkeit in der simultanen Darbietungsbedingung des Tests zur Geteilten Aufmerksamkeit. Der Kennwert zur phasischen Alertness verbesserte sich nur scheinbar: tatsächlich liegt dies aber nur am geringeren relativen Abstand zwischen etwas langsamerer intrisischer Alertness-Leistung und unveränderter Leistung bei Reaktion mit Warnreiz.

Nach Angabe der Sprachtherapeuten und des Pflegepersonals gelang es Herrn B. schon im Verlaufe des Trainings, im Alltag seine Aufmerksamkeit besser zu fokussieren, was sich u. a. in verringerter Ablenkbarkeit beim Fernsehen und in besserer „Konzentration" auf die Aufgabenstellung während der Sprachtherapie ausdrückte.

6.2   Alertness-Training bei Neglect

Einen interessanten Effekt eines Trainings zur Verbesserung der „Daueraufmerksamkeit" bei rechtshemisphärisch geschädigten Patienten konnten Robertson & Mitarb. (1995) beobachten. Nach der Therapie verbesserten sich nicht nur die Daueraufmerksamkeitsleistungen der Patienten, sondern auch deren Neglectsymptome, obwohl die Neglect-Symptomatik selbst nicht spezifisch therapiert worden war. Die Autoren interpretieren den Effekt als Ausbreitung der Aufmerksamkeitsaktivierung von frontalen auf parietale Areale der rechten Hirnhälfte.

Alertness-training kann Neglect-Symptomatik verbessern

Eine auf dieser Hypothese aufbauende Pilot-Studie zur Auswirkung eines *Alertness*-Trainings auf linksseitigen Neglect wurde an einer 69-jährigen Patientin mit vaskulär bedingten Läsionen im rechten Nucleus lentiformis, in der rechten inneren Kapsel und im rechten parietalen und temporalen Operculum sowie jahrelang stabilem Neglect durchgeführt (Sturm & Willmes, 2001). Die Patientin zeigte während einer zweiwöchigen *Baseline* stabile Defizite in drei Neglect-Tests (Linienhalbieren, Ankreuzen der Buchstaben E und R in zeilenweise angeordneten Buchstabenreihen, Untertest „Neglect" der Testbatterie zur Aufmerksamkeitsprüfung TAP nach Zimmermann und Fimm, 1997) sowie eine deutliche *Alertness*-Beeinträchtigung im Alertness-Subtest (visuelle Reaktionszeitmessung) der TAP. Sie wurde am Ende der *Baseline*-Phase 14 Tage lang mit einem computergestützten *Alertness*-Training (Sturm et al., 1993, 1994, 1997) behandelt. Hierbei sollte ein Rennwagen oder ein Motorrad bei möglichst hoher Durchschnittsgeschwindigkeit dennoch rasch und rechtzeitig vor plötzlich auftauchenden Hindernissen gestoppt werden. Ein „konventionelles", auf die räumlichen Komponenten des Neglects gerichtetes Training fand nicht statt. Nach der Therapie zeigte sich eine Verbesserung der intraindividuellen Stabilität der *Alertness*-Leistung wie auch eine signifikante Verbesserung in allen Neglect-Tests (Abbildung 28). Zusätzlich zu den Verhaltensmessungen wurde vor und nach der Therapie eine fMRT-Aktivierungsuntersuchung während der Ausführung einer räumlichen Aufmerksamkeitsausrichtungsaufgabe (modifizierter Neglect-Test aus der Testbatterie zur Aufmerksamkeitsprüfung nach Zimmermann und Fimm, 1997) durchgeführt. Vor der Therapie reagierte die Patientin während der fMRT-Aktivierung auf keinen einzigen linksseitigen Reiz und beachtete sogar viele rechtsseitig gelegene Stimuli nicht. Eine Analyse der Aktivierungsdaten (Neglect minus Ruhe) zeigte außer zwei geringen rechts frontalen und inferior parietalen Aktivierungen keine Aktivierung der rechten Hirnhälfte, aber auch nur sehr reduzierte links-hemisphärische Aktivierungen im superioren parietalen Kortex sowie im inferioren Gyrus temporalis (Abbildung 29, links), welche die bis in die rechte Raumhälfte hineinreichenden Neglectsymptome reflektieren. Nach dem „Alertness-Training" (Abbildung 29, rechts) zeigten sich eine große rechtsseitige und kleinere linke präfrontale Aktivierung sowie eine grö-ßere linksseitige parietale Aktivierung. Außerdem gab es nach der Thera-pie eine ausgedehnte Aktivierung im rechtsseitigen Thalamus, die vor der Therapie nicht zu beobachten war. Nach diesen ersten Ergebnissen scheint ein *Alertness*-Training sowohl Teile des rechtshemisphärischen *Alertness*-Netzwerks wie auch parietale Areale, die in die räumliche Aus-richtung der Aufmerksamkeit involviert sind, zu (ko-)aktivieren, was bei der Patientin mit einer deutlichen Abnahme der Neglect-Symptome ein-herging.

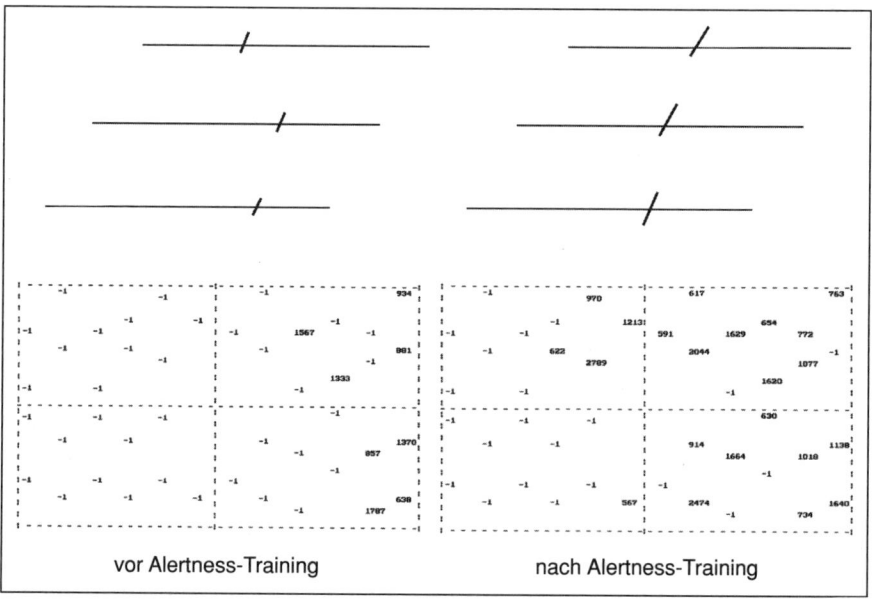

Abbildung 28:
Ergebnisse beim Linienhalbieren (oben) und beim Untertest „Neglect" der TAP (unten) vor (links) und nach (rechts) dem Alertness-Training. Beim Linienhalbieren wird die Abwei-chung nach rechts deutlich reduziert, beim Neglect-Test werden nach der Therapie zumindest teilweise auch Stimuli im linken Gesichtsfeld beachtet (−1 = keine Reaktion auf an dieser Position dargebotene Reize).

86

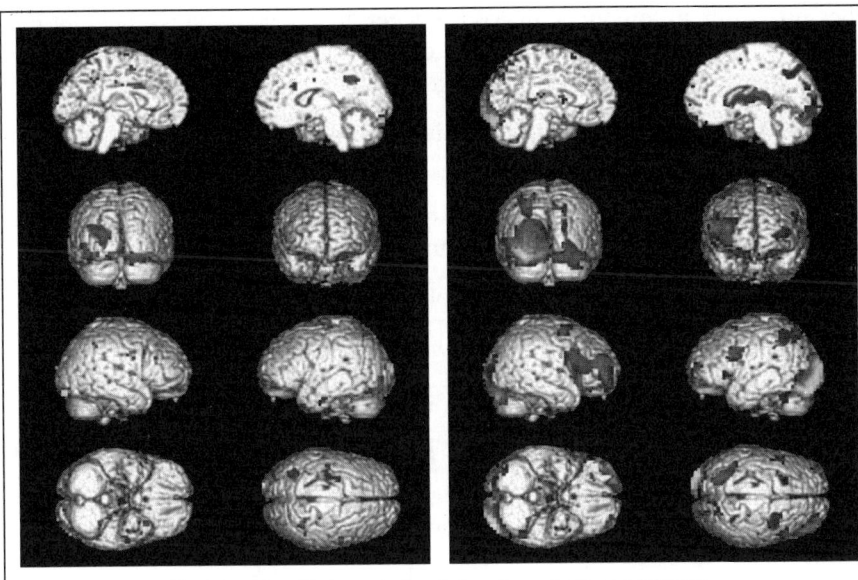

Funktionelles Netzwerk der Aufmerksamkeitsausrichtung

vor Alertness-Training   nach Alertness-Training

Abbildung 29:
Aktivierungsmuster während der Durchführung des Neglect-Tests aus der TAP (s. Text) vor (links) und nach (rechts) einem *Alertness*training bei einer 69-jährigen Patientin mit stabilen Neglectsymptomen zwei Jahre nach Krankheitsbeginn (nach Sturm & Willmes, 2001).

7   Glossar

bottom-up: automatische, meist stimulusabhängige und wenig kognitiv gesteuerte Verarbeitung

Brodmann-Areale: von dem Hirnanatomen Brodmann gemäß dem cytoarchitektonischen Aufbau eingeteilte Hirngebiete

cholinerge Verbindungen: Inter- oder intrahemisphärische Verbindungen, die auf dem Überträgerstoff (Transmitter) Acetylcholin basieren

conjunction analysis: Statistische Analyse von Bildverarbeitungsdaten, die die Gemeinsamkeiten von unter verschiedenen experimentellen Bedingungen aktivierten Hirnarealen darstellt

contention scheduling: Regulierung des „Wettbewerbs" zwischen durch „Triggerreize" aktivierten Verhaltensschemata. Automatischer Prozess, welcher eines der miteinander in Konflikt geratenen Verhaltensschemata entsprechend den situativen Prioritäten und zusätzlich vorhandenen Hinweisreizen auswählt und ihm für den Augenblick den „Vortritt" verschafft.

coping: Versuch, ein relatives Defizit durch höhere Anstrengung zu kompensieren

covert shift of attention: verdeckte räumliche Aufmerksamkeitsverschiebung (ohne Kopf- und Augenbewegungen)

CT: Computertomographie, röntgenologisches Verfahren zur anatomischen Darstellung z.B. von Hirnstrukturen

Daueraufmerksamkeit (Sustained Attention): Die Fähigkeit, die Aufmerksamkeit unter hochfrequenten Reizbedingungen über eine längere Zeit hinweg auf einem ausreichenden Aktivierungsniveau zu halten (s. a. Vigilanz)

dichotisches Hören: Verarbeitung gleichzeitig beiden Ohren dargebotener auditiver Reize

dorsolateral: seitlich (= lateral) hinten (dorsal = zum Rücken hin); z. B. dorsolateraler präfrontaler Kortex = der hintere und seitliche Bereich des frontalen Kortex, der unmittelbar vor dem primären motorischen Kortex liegt

FEDA: Fragebogen erlebter Defizite der Aufmerksamkeit

fMRT: Funktionelle Magnet-Resonanz-Tomographie zur Erfassung von lokalen Durchblutungsveränderungen des Gehirns während der Ausführung einer Aufgabe

Formatio reticularis: von der Medulla oblongata bis ins Zwischenhirn reichendes System von Nervenfasern und diffus verteilten Ganglienzellen, das an unspezifischer Aktivierung (arousal) der Großhirnrinde beteiligt ist

fronto-thalamisches Gating System: öffnet durch frontale Steuerung über den Nucleus reticularis thalami immer nur selektiv jene thalamischen „Tore" für vom Hirnstamm bereitgestellte Aktivierung, welche für die Verarbeitung einer bestimmten Information relevant sind

Glasgow Coma Scale: Skala zur Schweregradeinteilung und Verlaufsdokumentation von gedeckten Schädelhirntraumen. Basiert auf Beurteilung der Fähigkeit des Patienten zum Öffnen der Augen und zu verbalen und motorischen Reaktionen

Gyrus cinguli: parallel zum Balken verlaufende Hirnwindung

HWS: Halswirbelsäule

Inhibition: Hemmung

88

intrinsische Alertness: kognitiv gesteuerte Aufrechterhaltung der Aufmerksamkeitsaktivierung in Erwartung eines Ereignisses

kritische Differenz: aus der Reliabilität berechneter Differenzwert zwischen zwei Testergebnissen, der überschritten werden muss, damit diese Differenz überzufällig (d. h. nicht messfehlerbedingt) ist.

lateralisierte gesichtsfeldabhängige Reizdarbietung: Meist sehr kurze (in der Regel tachistoskopische) Präsentation visueller Reize rechts oder links vom Fixationspunkt zur Erzielung einer hemisphärenspezifischen Verarbeitung

MRT: Magnet-Resonanz-Tomographie. Anatomische Bildgebung z. B. des Gehirns mithilfe sich überlagernder Magnetfelder

Noradrenalin: Transmittersubstanz (Botenstoff)

noradrenerge Verbindungen: auf Noradrenalin basierende Verbindungen zwischen Nervenzellen.

overt spatial orienting: bewusste räumliche Orientierung, z. B. durch Kopf-, Rumpf- oder Augenbewegung

Perseveration: Beibehalten einer einmal eingeschlagenen Reaktionsweise, selbst wenn sich diese als inadäquat erwiesen hat

PET: Positronen-Emissions-Tomographie. Aktivierungsmessung des Gehirns durch Erfassung von Blutflussänderungen mithilfe radioaktiver Isotope

phasische Alertness: durch einen Warnreiz hervorgerufene kurzfristige Steigerung der Aufmerksamkeitsaktivierung

Posttraumatische Amnesie: nach einem Schädelhirntrauma (SHT) entstandene Gedächtnislücke. Dient u. a. zur Erfassung des Schweregrades eines SHT.

Progressive Supranukleäre Lähmung: PSP; Steele-Richardson-Olszewski-Syndrom. Degeneration subkortikaler Strukturen mit Lähmungserscheinungen und Demenz.

Prosodie: Sprachmelodie

Split-Brain-Patient: Patient nach operativer Durchtrennung des Balkens (corpus callosum), meist zur Behandlung schwerer Epilepsien

Stroop-Effekt: Konflikt zwischen automatisierter und kontrollierter Verarbeitung (z. B. beim raschen Benennen der zur Wortbedeutung inkompatiblen Druckfarbe eines Farbworts)

Supervisory Attentional Control: willentliche, kognitive Kontrolle und Modulation der Erregbarkeit konkurrierender Handlungs-Schemata

Tegmentum: Teil des Mittelhirns

tonische Alertness: zyklische, physiologisch bedingte Schwankungen der Aufmerksamkeitsaktivierung

top-down: willentlich, kognitiv gesteuert; im Gegensatz zu automatisierter („bottom-up") Steuerung

Vigilanz: Fähigkeit zur Aufrechterhaltung der Aufmerksamkeit über lange Zeit und in sehr monotonen Reizsituationen. Achtung: in der Medizin hat Vigilanz eine andere Bedeutung und bezeichnet den allgemeinen Grad der Wachheit

WAIS: Wechsler Adult Intelligence Scale: dem Hamburg-Wechsler Intelligenztest zugrundeliegender Originaltest

zentrale Exekutive: zentrale Steuerungseinheit im Arbeitsgedächtnismodell von Baddeley (1986)

Zervikal-Syndrom: Schmerzsyndrom im Bereich des Halses.

zervikozephal: den Hals und den Kopf betreffend

8 Weiterführende Literatur

Van Zomeren, A. H. & Brouwer, W. B. (1994). *Clinical Neuropsychology of Attention.* New York: Oxford University Press.
Leclercq, M. & Zimmermann, P. (Eds.). (2002). *Applied Neuropsychology of Attention.* London: Psychology Press.

9 Literatur

Adam, S., Van der Linden, M., Juillerat, A. C. & Salmon, E. (2000). The cognitive management of daily life activities in patients with mild to moderate Alzheimer's disease in a day-care center: A case report. *Neuropsychological Rehabilitation, 10,* 485–509.
Alves, W., Macciocchi, S. & Barth, J. T. (1993). Post-concussive symptoms after uncomplicated mild head injury. *Journal of Head Trauma Rehabilitation, 8,* 48–59.
American Congress of Rehabilitation Medicine (1993). Definition of mild traumatic brain injury. *Journal of Head Trauma Rehabilitation, 8,* 86–87.
Baddeley, A. (1986). *Working Memory.* London: Oxford University Press.

Baddeley, A. D. (1993). Working memory or working attention? In A. D. Baddeley & L. Weiskrantz (Eds.), *Attention: Selection, awareness, and control. A tribute to Donald Broadbent* (pp. 152–170). Oxford: Clarendon Press.

Bartels, C. & Wallesch, C. W. (2000). Neuropsychologische Defizite nach Schädel-Hirn-Trauma. In Sturm, W., Herrmann, M. & Wallesch, C. W. (Hrsg.), *Lehrbuch der Klinischen Neuropsychologie* (S. 603–612). Lisse: Swets.

Bäumler, G. (1985). *Farbe-Wort-Interferenztest (FWIT)*. Göttingen: Hogrefe.

Benton, A. L. (1960). Motivational influences on performance in brain-damaged patients. *American Journal of Orthopsychiatry, 30*, 315–321.

Ben-Yishay, Y., Piasetzky, B. B. & Rattok J. (1987). A systematic method for ameliorating disorders in basic attention. In M. J. Meier, A. L. Benton & L. Diller (Eds.), *Neuropsychological Rehabilitation* (pp. 165–181). Edinburgh: Churchill-Livingstone.

Birbaumer, N. & Schmidt, R. F. (1991). *Biologische Psychologie*. Heidelberg: Springer.

Bisiach, E., Mini, M., Sterzi, R. & Vallar, G. (1982). Hemispheric lateralization of the decisional stage in choice reaction times to visual unstructured stimuli. *Cortex, 18*, 191–198.

Blackburn, H. J. (1958). Effects of motivating instructions on reaction time in cerebral disease. *Journal of abnormal and social Psychology, 56*, 359–366.

Brickenkamp, R. (2002). *Test d2 – Aufmerksamkeits-Belastungs-Test (d2)* (9., überarbeitete und neu normierte Auflage). Göttingen: Hogrefe.

Broadbent, D. E. (1958). *Perception and communication*. London: Pergamon Press.

Broadbent, D. E. (1971). *Decision and stress*. London: Academic Press.

Brouwer, W. H., Rothengatter, J. A. & Van Wolffelaar, P. C. (1988). Compensatory potential in elderly drivers. In J. A. Rothengatter & R. A. de Bruin (Eds.), *Road user behaviour: Theory and research* (pp. 296–301). Assen: Van Gorcum.

Büchel, C. & Weiller, C. (2002). Bildgebende und elektrische/magnetische Verfahren in der Neuropsychologie. In W. Hartje & K. Poeck (Hrsg.), *Klinische Neuropsychologie* (S. 52–66). Stuttgart: Thieme.

Cicerone, K., Dahlberg, C., Kalmar, K., Langenbahn, D. M., Malec, J. F., Bergquist, T. F., Felicetti, T., Giacino, J. T., Harley, J. P., Harrington, D. E., Herzog, J., Kneipp, S., Laatsch, L. & Morse, P. A. (2000). Evidence-based cognitive rehabilitation: recommendations for clinical practice. *Archives of Physical and Medical Rehabilitation, 81*, 1596–1615.

Cohen, R. M., Semple, W. E., Gross, M., Holcomb, H. J., Dowling, S. & Nordahl, T. E. (1988). Functional localization of sustained attention. *Neuropsychiatry, Neuropsychology and Behavioral Neurology, 1*, 3–20.

Collette, F. & Van der Linden, M. (2002). Attention disorders in neurodegenerative diseases. In M. Leclercq & P. Zimmermann (Eds.), *Applied neuropsychology of attention* (pp. 305–338). London: Psychology Press.

Corbetta, M., Miezin, F. M., Dobmeyer, S., Shulman, G. L. & Petersen, S. E. (1991). Selective and divided attention during visual discriminations of shape, color, and speed: Functional anatomy by positron emission tomography. *Journal of Neuroscience, 11*, 2383–2402.

Corbetta, M., Miezin, F. M., Shulman, G. L. & Petersen, S. E. (1993). A PET study of visuospatial attention. *Journal of Neuroscience, 13*, 1202–1206.

Davies, D. R, Jones, D. M. & Taylor, A. (1984). Selective and sustained-attention tasks: Individual and group differences. In R. Parasuraman & D. R. Davies (Eds), *Varieties of attention.* (pp. 395–347). Orlando: Academic Press.

Dee, H. L. & Van Allen, M. W. 1973. Speed of decision-making processes in patients with unilateral cerebral disease. *Archives of Neurology, 28*, 163–166.

Dencker, S. J. & Löfving, B. (1958). A psychometric study of identical twins discordant for closed head injury. *Acta Psychiatrica et Neurologica Scandinavica, 33,* (Suppl. 122).

Deutsch, J. A. & Deutsch, D. (1963). Attention: Some theoretical considerations. *Psychological Review, 70,* 80–90.

Dikman, S., Machamer, J., Winn, H. R. & Temkin, N. (1995). Neuropsychological outcome at one year post head injury. *Neuropsychology, 9,* 80–90.

Dimond, S. J. (1979). Performance by split-brain humans on lateralized vigilance tasks. *Cortex, 5,* 43–50.

Dimond, S. J. & Beaumont, J. G. (1973). Differences in vigilance performance of the right and left hemispheres. *Cortex, 9,* 259–265.

Di Stefano, G. & Radanov, B. P. (1995). Course of attention and memory after common whiplash: A two-years prospective study with age, education and gender pair-matched patients. *Acta Neurologica Scandinavica, 91,* 346–352.

Dywan, J. & Segalowitz, S. J. (1996). Self and family ratings of adaptive behavior after traumatic brain injury: Psychometric scores and frontally generated ERPs. *Journal of Head Trauma Rehabilitation, 11,* 79–95.

Eidenmüller, A., Kallus, K. W., Fröhlich, H., Bieber, K. & Poimann, H. (2001). Evaluation eines ambulanten neuropsychologischen Aufmerksamkeitstrainings. *Zeitschrift für Neuropsychologie, 12,* 160–172.

Ettlin, Th. M., Kischka, U., Reichmann, S., Radii, E. W., Heim, S., Wengen, D. & Benson, D. F. (1992). Cerebral symptoms after whiplash injury of the neck: A prospective clinical and neuropsychological study of whiplash injury. *Journal of Neurology, Neurosurgery and Psychiatry, 55,* 943–948.

Fels, M. & Geissner, E. (1996). *Neglect-Test NET. Ein Verfahren zur Erfassung visueller Neglectphänomene.* Göttingen: Hogrefe.

Fernandez-Duque, D. & Posner, M. I. (1997). Relating the mechanisms of orienting and alerting. *Neuropsychologia, 35,* 477–486.

Fink, G. R., Halligan, P. W., Marshall, J. C., Frith, C. D., Frackowiak, R. S. J. & Dolan, R. J. (1996). Where in the brain does visual attention select the forest and the trees? *Nature, 382,* 626–628.

Fontaine, A., Azouvi, P., Remy, P., Bussel, B. & Samson, Y. (1999). Functional anatomy of neuropsychological deficits after severe traumatic brain injury. *Neurology, 53,* 1963–1968.

Gaál, L. (1999). *Numerisches Quadrat (NUQ).* Frankfurt: Swets Test Services.

Gatterer, G. (1990). *Alters-Konzentrations-Test (AKT).* Göttingen: Hogrefe.

Goldman-Rakic, P. S. (1987). Circuitry of primate prefrontal cortex and regulation of behavior by representational memory. In F. Plum (Ed.), *Handbook of physiology, 5: Higher functions of the brain* (pp. 287–298). Bethesda: American Physiological Society.

Gray, J. M., Robertson, I., Pentland, B. & Anderson, S. (1992). Microcomputer-based attentional retraining after brain damage: a randomized group controlled trial. *Neuropsychological Rehabilitation, 2,* 97–115.

Gronwall, D. (1977). Paced Auditory Serial Addition Task: A measure of recovery from concussion. *Perceptual and Motor Skills, 44,* 367–373.

Gronwall, D. & Sampson, H. (1974). *The psychological effects of concussion.* Auckland: Auckland University Press.

Gronwall, D. & Wrightson, P. (1974). Delayed recovery of intellectual function after minor head injury. *Lancet, 2,* 995–997.

Guillery, R. W., Feig, S. L. & Lozsádi, D. A. (1998). Paying attention to the thalamic reticular nucleus. *Trends in Neuroscience, 21,* 28–32.

Hartje, W., Pach, R., Willmes, K., Hannen, P. & Weber, E. (1991). Fahreignung hirngeschädigter Patienten. *Zeitschrift für Neuropsychologie, 2,* 100–114.

Heilman, K. M. & Van den Abell, T. (1979). Right hemisphere dominance for mediating cerebral activation. *Neuropsychologia, 17,* 315–321.

Heilman, K. M. & Van den Abell, T. (1980). Right hemisphere dominance for attention: The mechanism underlying hemispheric asymmetries of inattention (neglect). *Neurology, 30,* 327–330.

Heubrock, D. (1990). Anamnese und Exploration in der Neuropsychologie. *Zeitschrift für Neuropsychologie, 1,* 114–128.

Heubrock, D. (1995). Neuropsychological assessment of suspected malingering – research results and evaluation techniques. *Diagnostica, 41,* 303–321.

Heubrock, D & Petermann, F. (2000). *Testbatterie zur forensischen Neuropsychologie TBFN.* Frankfurt: Swets Test Services.

Heyde, G. (2000). *Inventar komplexer Aufmerksamkeit (INKA)* (2., erweiterte Auflage). Frankfurt: Swets Test Services.

Hillier, S. L. (1997). Awareness and perceptions of outcomes after traumatic brain injury. *Brain Injury, 11,* 525–536.

Höschel, K., Uhlendorf, V., Biegel, K., Kunert, H. J., Weniger, G. & Irle, E. (1996). Effektivität eines ambulanten Neuropsychologischen Aufmerksamkeits- und Gedächtnistrainings in der Spätphase nach Schädel-Hirntrauma. *Zeitschrift für Neuropsychologie, 7,* 69–82.

Hofer, E. & Scherzer, E. (1977). Reaktionstraining in der Rehabilitation Hirnverletzter. *Zeitschrift für Krankengymnastik, 29,* 661–666.

Howes, D. & Boller, F. (1975). Simple reaction time: Evidence for focal impairments from lesions of the right hemisphere. *Brain, 98,* 317–332.

Huber, H. P. (1973). *Psychometrische Einzelfalldiagnostik.* Weinheim: Beltz.

James, W. (1890). *The principles of psychology (Vol. 1).* New York: Holt & Co.

Jansen, Ch., Sturm, W. & Willmes, K. (1992). Sex specific „activation"-dominance of the left hemisphere for choice reactions: An experimental study regarding lateralization of attention functions. *Zeitschrift für Neuropsychologie, 3,* 44–51.

Johannsen, P., Jakobsen, J., Bruhn, P., Hansen, S. B., Gee, A., Stoedkilde-Joergensen, H. & Gjedde, A. (1997). Cortical sites of sustained and divided attention in normal elderly humans. *Neuroimage, 6,* 145–155.

Kahneman, D. (1973). *Attention and effort.* Englewood Cliffs (NJ): Prentice Hall.

Kallinger, S. (1975). Die Wirkungsweise eines Reaktionstrainings auf sensomotorische Leistungen von Hirnverletzten. Wien: Unveröff. Diss.

Karnath, O. (2002). Neglect. In W. Hartje & K. Poeck (Hrsg.), *Klinische Neuropsychologie* (S. 334–360). Stuttgart: Thieme.

Keidel, M., Yagüez, L., Wilhelm, H. & Diener, H. C. (1992). Prospektiver Verlauf neuropsychologischer Defizite nach zervikozephalem Akzelerationstrauma. *Nervenarzt, 63,* 731–740.

Keidel, M., Rieschke, P., Jüptner, M. & Diener, H. C. (1994). Pathologischer Kieferöffnungsreflex nach HWS-Beschleunigungsverletzung. *Nervenarzt, 65,* 241–249.

Keidel, M. (1995). Der posttraumatische Verlauf nach zerviko-zephaler Beschleunigungsverletzung. Klinische, neurophysiologische und neuropsychologische Aspekte. In B. Kügelgen (Hrsg.), *Neuroorthopädie VI.* (S. 73–113). Berlin: Springer.

Keidel, M., Freihoff, J., Yagüez, L., Eisentraut, R., Wilhelm, H. & Diener H. C. (1996). A prospective follow-up of neuropsychological deficits due to whiplash injury. *Journal of The International Neuropsychological Society, 2,* 194.

Kerkhoff, G. (2004). Neglect und assoziierte Störungen. Fortschritte der Neuropsychologie Bd. 1. Göttingen: Hogrefe.

Kessels, R. P. C., Keyser, A., Verhagen, W. I. M. & van Luijtelaar, E. L. J. M. (1998). The whiplash syndrome: A psychophysiological and neuropsychological study towards attention. *Acta Neurologica Scandinavica, 97,* 188–193.

Kessler, J., Weber, E. & Halber, M. (1995). *Kölner Neglect-Test (KNT).* Frankfurt: Swets Test Services.

Kewman, D. G., Seigerman, C., Kintner, H., Chu, S., Henson, D. & Reeder, C. (1985). Simulation training of psychomotor skills: teaching the brain-injured to drive. *Rehabilitation Psychology, 30,* 11–27.

Kinomura, S., Larsson, J., Gulyás, B. & Roland, P. E. (1996). Activation by attention of the human reticular formation and thalamic intralaminar nuclei. *Science, 271,* 512–515.

Kischka, U., Ettlin, Th. M., Heim S. & Schmid, G. (1991). Cerebral symptoms following whiplash injury. *European Neurology, 31,* 136–140.

Kolb, B. & Whishaw, I. Q. (1996). *Fundamentals of human neuropsychology,* fourth edition. New York: Freeman.

Krajewski, C. & Wolff, H.-D. (1990). Psychodiagnostische Untersuchung von HWS-Schleudertrauma-Patienten. *Manuelle Medizin, 28,* 35–39.

Kubitzki, J. (1994). *Die visuelle Wahrnehmung in der Fahreignungsdiagnostik.* Münster: Waxmann.

Ladavas, E. (1987). Is hemispatial deficit produced by right parietal lobe damage associated with retinal or gravitational coordinates? *Brain, 110,* 167–180.

Lamberti, G., Wieneke, K. H. & Franke N. (1988). Der Computer als Hilfe beim Aufmerksamkeits-Training. Eine klinisch-experimentelle Studie. *Rehabilitation, 27,* 190–198.

Lansing, R. W., Schwartz, E. & Lindsley, D. B. (1959). Reaction time and EEG under alerted and nonalerted conditions. *Journal of Experimental Psychology, 58,* 1–7.

Larrabee, G. (1997). Neuropsychological outcome, post-concussion symptoms and forensic considerations in mild closed head trauma. *Seminars in Clinical Neuropsychiatry, 2,* 196–206.

Leclercq, M., Deloche, G. & Rousseaux, M. (2002). Attentional complaints evoked by traumatic brain-injured and stroke patients: Frequency and importance. In M. Leclercq & P. Zimmermann (Eds.), *Applied neuropsychology of attention* (pp. 89–109). London: Psychology Press.

Lewin, J. S., Friedman, L., Wu, D., Miller, D. A., Thompson, L. A., Klein, S. K., Wise, A. L., Hedera, P., Buckley, P., Meltzer, H., Friedland, R. P. & Duerk, J. L. (1996). Cortical localization of human sustained attention: Detection with functional MR using a visual vigilance paradigm. *Journal of Computer Assisted Tomography, 20,* 695–701.

Lewrenz, H. & Friedel, B. (1996). *Krankheit und Kraftverkehr. Begutachtungs-Leitlinien des Gemeinsamen Beirats für Verkehrsmedizin beim Bundesministerium für Verkehr und beim Bundesministerium für Gesundheit.* Bonn: Bundesministerium für Verkehr.

Lezak, M. (1987) Assessment for rehabilitation planning. In R. J. Meier, A. C. Benton & L. Diller (Eds.), *Neuropsychological rehabilitation* (pp. 41–58). Edinburgh: Churchill Livingstone.

Lezak, M. (1995) *Neuropsychological assessment.* New York: Oxford University Press.

Lhermitte, F. (1986). Human autonomy and the frontal lobes. Part II: Patient behavior in complex and social situations: the „environmental dependency syndrome". *Annals of Neurology, 19,* 335–343.

Longoni, F., Sturm, W., Weis, S., Holtel, C., Specht, K., Herzog, H. & Willmes, K. (2000). Functional reorganization after rraining of alertness in two patients with right-hemisphere lesions. *Zeitschrift für Neuropsychologie, 11,* 250–261.

Loose, R., Kaufmann, C., Auer, D. P. & Lange, K. W. (2003). Human prefrontal and sensory cortical activity during divided attention tasks. *Human Brain Mapping, 18,* 249–259.

Lukesch, H. & Mayrhofer, S. (2001). *Konzentrations-Leistungs-Test – Revidierte Fassung (KLT-R)* (Neubearbeitung des KLT von Düker, H. & Lienert, G. A.). Göttingen: Hogrefe.

Lutz, K., Specht, K., Shah, N. J. & Jäncke, L. (2000). Tapping movements according to regular and irregular visual timing signals investigated with fMRI. *NeuroReport, 1,* 1301–1306.

Macciocchi, S. N., Bart, J. T., Alves, W., Rimel, R. W. & Jane, J. A. (1996). Neuropsychological functioning and recovery after mild head injury in collegiate athletes. *Neurosurgery, 39,* 510–514.

Mackworth, N. H. (1948). The breakdown of vigilance during prolonged visual search. *Quarterly Journal of Experimental Psychology, 1,* 6–21.

Madden, D. J., Turkington, T. G., Provenzale, J. M., Hawk, T. C., Hoffman, J. M. & Coleman, R. E. (1997). Selective and divided visual attention: age related changes in regional cerebral blood flow measured by $H_2^{15}O$ PET. *Human Brain Mapping, 5,* 389–409.

Malia, K., Powell, G. & Torode, S. (1995). Coping and psychosocial function after brain injury. *Brain Injury, 9,* 607–618.

Manly, T., Hawkins, K., Evans, J. J., Woldt, K. & Robertson, I. H. (2002). Rehabilitation of executive function: facilitation of effective goal management on complex tasks using periodic auditory alerts. *Neuropsychologia, 40,* 271–281.

Marschner, G. (1972). *Revisions-Test nach B. Stender (Rev.Test).* Göttingen: Hogrefe.

Mateer, C. M. & Mapou, R. L. (1996). Understanding, evaluating and managing attention disorders after traumatic brain injury. *Journal of Head Trauma Rehabilitation, 11,* 1–16.

McDowell, S., Whyte, J. & D'Esposito, M. (1997). Working memory impairments in traumatic brain injury: Evidence from a dual-task paradigm. *Neuropsychologia, 35,* 1341–1353.

McLean, A., Temkin, N. R., Dikmen, S. & Wyler, A. R. (1983) The behavioral sequelae of head injury. *Journal of Clinical Neuropsychology, 5,* 361–376.

Meichenbaum, D. & Cameron, R. (1973). Training schizophrenics to talk to themselves: a means of developing attentional control. *Behavior Therapy, 4,* 515–534.

Mesulam, M.-M. (1985). Attention, confusional states, and neglect. In M.-M. Mesulam (Ed.), *Principals of behavioral neurology* (pp. 125–168). Philadelphia: Davis.

Mittl, R.L, Grossman, R. I., Hiehle, J. F., Hurst, R. W., Kauder, D. R., Gennarelli, T. A. & Alburger, G. W. (1994). Prevalence of MR evidence of diffuse axonal injury in patients with mild head injury and normal head CT findings. *American Journal of Neurological Rehabilitation, 15,* 1583–1589.

Mönning, M., Sabel, O. & Hartje, W. (1997). Rechtliche Hintergründe der Fahreignungsdiagnostik. *Zeitschrift für Neuropsychologie, 8,* 62–71.

Moosbrugger, H. & Heyden, M. (1998) *Frankfurter Adaptiver Konzentrationsleistungs-Test (FAKT).* Bern: Huber.

Moosbrugger, H. & Oehlschlägel, J. (1996). *Frankfurter Aufmerksamkeits-Inventar (FAIR).* Bern: Huber.

Murrey, G. J. (2000). Overview of traumatic head injury: Issues in the forensic assessment. In G. J. Murrey (Ed.), *The forensic evaluation of traumatic brain injury* (pp. 1–22). Boca Raton: CRC Press.

Navon, D. (1977). Forest before the trees: The precedence of global features in visual processing. *Cognitive Psychology, 9,* 353–383.

Neisser, U. (1967). *Cognitive psychology.* New York: Appleton Century Crofts.

Nemeth, A. J. (1996). Behavior-descriptive data on cognitive, personality and somatic residua after relatively mild brain trauma: Studying the syndrome in a whole. *Archives of Clinical Neuropsychology, 11,* 677–695.

Niemann, H., Ruff, R. M. & Baser, C. A. (1990). Computer assisted attention retraining in head injured individuals: a controlled efficacy study of an out-patient program. *Journal of Consulting and Clinical Psychology, 58,* 811–817.

Norman, D. A. & Shallice, T. (1986). Attention to action: Willed and automatic control of behaviour. In R. J. Davidson, G. E. Schwartz & D. Shapiro (Eds.), *Consciousness and self-regulation* (pp. 1–18). New York: Plenum Press.

Oddy, M., Coughlan, T., Tyerman, A. & Jenkins, D. (1985). Social adjustment after closed head injury: A further follow-up seven years after injury. *Journal of Neurology, Neurosurgery and Psychiatry, 48,* 564–568.

Oldfield, R. C. (1971). The assessment and analysis of handedness: The Edinburgh Inventory. *Neuropsychologia, 9,* 97–113.

Oswald, W. D. & Fleischmann, U. M. (1997). *Das Nürnberger-Alters-Inventar (NAI)* (4. Auflage). Göttingen: Hogrefe.

Oswald, W. D. & Roth, E. (1987) *Der Zahlen-Verbindungs-Test (ZVT)* (2. Auflage). Göttingen: Hogrefe.

Pardo, J. V., Fox, P. T. & Raichle, M. E. (1991). Localization of a human system for sustained attention by positron emission tomography. *Nature, 349,* 61–64.

Park, N. W. & Ingles, J. L. (2001). Effectiveness of attention rehabilitation after an acquired brain injury: A meta-analysis. *Neuropsychology, 15,* 199–210.

Paus, T., Zatorre, R. J., Hofle, N., Caramanos, Z., Gotman, J., Petrides, M. & Evans, A. C. (1997). Time-changes in neural systems underlying attention and arousal during the performance of an auditory vigilance task. *Journal of Cognitive Neuroscience, 9,* 392–408.

Perry, R. J., Watson, P. & Hodges, R. (2000). The nature and staging of attentional dysfunction in early (minimal and mild) Alzheimer's disease: Relationships to episodic and semantic memory impairments. *Neuropsychologia, 38,* 252–271.

Piasetzky, E. B., Rattok, J., Ben-Yishay, Y., Lakin, P., Ross, B. & Diller, L. (1983). Computerized ORM: A manual for clinical and research uses. In Y. Ben-Yishay (Ed.), *Working approaches to remediation of cognitive deficits in brain damaged persons* (pp. 1–40). New York: Rehabiliation Monograph Nr. 66, NYU Medical Center.

Plohmann, A. M., Kappos, L., Ammann, W., Thordai, A., Wittwer, A., Huber, S., Bellaiche, Y. & Lechner-Scott, J. (1998). Computer assisted retraining of attentional impairments in patients with multiple sclerosis. *Journal of Neurology, Neurosurgery and Psychiatry, 64,* 455–462.

Poeck, K. (1999). Kognitive Störungen nach traumatischer Halswirbelsäulendistorsion? *Deutsches Ärzteblatt, 96 A,* 2596–2601.

Ponsford, J. L. & Kinsella, G. (1988). Evaluation of a remedial program for attentional deficits following closed head injury. *Journal of Clinical and Experimental Neuropsychology, 10,* 693–708.

Ponsford, J. L. & Kinsella, G. (1991). The use of a rating scale of attentional behaviour. *Neuropsychological Rehabilitation, 1,* 241–257.

Ponsford, J. L. & Kinsella, G. (1992). Attentional deficits following severe closed head injury. *Journal of Clinical and Experimental Neuropsychology, 14,* 822–838.

Poser, U., Kohler, J., Sedlmeier, P. & Strätz, A. (1992). Evaluierung eines neuropsychologischen Funktionstrainings bei Patienten mit kognitiver Verlangsamung nach Schädelhirntrauma. *Zeitschrift für Neuropsychologie, 3,* 3–24.

Posner, M. I. & Boies, S. W. (1971). Components of attention. *Psychological Review, 78,* 391–408.

Posner, M. I., Inhoff, A. W. & Friedrich, F. J. (1987). Isolating attentional systems: A cognitive-anatomical analysis. *Psychobiology, 15,* 107–121.

Posner, M. I., Nissen, M. J. & Ogden, W. C. (1978). Attended and unattended processing modes: The role of set for spatial location. In H. L. Pick & E. Saltzman (Eds.), *Modes of perceiving and processing of information* (pp. 137–157). Hillsdale, NJ: Lawrence Earlbaum.

Posner, M. I. & Petersen S. E. (1990). The attention system of the human brain. *Annual Review of Neuroscience, 13,* 182–196.

Posner, M. I. & Rafal, R. D. (1987) Cognitive theories of attention and the rehabilitation of attentional deficits. In R. J. Meier, A. C. Benton & L. Diller (Eds.), *Neuropsychological rehabilitation* (pp. 182–201). Edinburgh: Churchill Livingstone.

Posner, M. I. & Raichle, M. E. (1994). *Bilder des Geistes.* Heidelberg: Spektrum.

Posner, M. I. & Snyder, C. R. R. (1975). Attention and cognitive control. In: R. L. Solso (Ed.), *Information processing and cognition: The Loyola Symposium* (pp. 1–35). Hillsdale: Lawrence Earlbaum Associates.

Posner, M. I., Walther, J. A., Friedrich, F. J. & Rafal, R. D. (1984). Effects of parietal lobe injury on covert orienting. *Journal of Neuroscience, 4,* 1863–1874.

Pribram, K. H. (1973). The primate frontal cortex – Executive of the brain. In K. H. Pribram & A. R. Luria (Eds.), *Psychophysiology of the frontal lobes* (pp. 57–68). New York: Academic Press.

Radanov, B. P., Dvorak, J. & Valach, L. (1990). Folgezustände der Schleuderverletzung der Halswirbelsäule. Mögliche Erklärung unter Berücksichtigung der klinischen und neuropsychologischen Befunde. *Manuelle Medizin, 28,* 28–34.

Radanov, B. P., Sturzenegger, M., Di Stefano, G., Schnidrig, A. & Mumenthaler, M. (1993). Ergebnisse der einjährigen Verlaufsstudie nach HWS-Schleudertraumen. *Schweizer Medizinische Wochenschrift, 123,* 1545–1552.

Rattok, J., Ben-Yishay, Y., Ross, B., Lakin, P., Silver, S., Thomas, L. & Diller , L. (1982). A diagnostic remedial system for basic attentional disorders in head trauma patients undergoing rehabilitation: A preliminary report. In Y. Ben-Yishay (Ed.), *Working approaches to remediation of cognitive deficits in brain damaged persons* (pp. 177–187). New York: Rehabiliation Monograph Nr. 64, NYU Medical Center.

Reitan, R. M. (1958). Validity of the Trail Making Test as an indication of organic brain damage. *Perceptual and Motor Skills, 8,* 271–276.

Robertson, I. (1990). Does computerized cognitive rehabilitation work? A review. *Aphasiology, 4,* 381–405.

Robertson, I. H., Tegnér, R., Tham, K. & Nimmo-Smith I. (1995). Sustained attention training for unilateral neglect: Theoretical and rehabilitation implications. *Journal of Clinical and Experimental Neuropsychology, 17,* 416–430.

Robertson, I. H., Ridgeway, V., Greenfield, E. & Parr, A. (1997). Motor recovery after stroke depends on intact sustained attention: A 2–year follow-up study. *Neuropsychology, 11,* 290–295.

Robertson, L. C. & Lamb, M. R. (1991). Neuropsychological contributions to part/whole organisation. *Cognitive Psychology, 23,* 299–330.

Robinson, R. G. (1985). Lateralized behavioral and neurochemical consequences of unilateral brain injury in rats. In S. G. Glick (Ed.), *Cerebral lateralization in nonhuman species* (pp. 135–156). Orlando: Academic Press.

Robinson, R. G. & Coyle, J. T. (1980). The differential effect of right versus left hemispheric cerebral infarction on catecholamines and behavior in the rat. *Brain Research, 188,* 63–78.

Rousseaux, M., Godefroy, O., Cabaret, M., Benaim, C. & Pruvo, J. P. (1996). Analyse et évolution des déficits cognitifs après rupture des anéurysmes de l'artère communicante antérieure. *Revue Neurologique, 152,* 517–527.

Sarter, M., Givens, B. & Bruno, J. (2001). The cognitive neuroscience of sustained attention: where top-down meets bottom up. *Brain Research Reviews, 35,* 146–160.

Sbordone, R. J., Seyranian, R. M. & Ruff, R. M. (1998). Are the subjective complaints of traumatically brain injured patients reliable? *Brain Injury, 12,* 505–516.

Schnitker, R., Grande, M., Specht, K., Reul, J., Sturm, W., Huber, W. & Willmes-von Hinckeldey, K. (2002). Functional networks of auditory selective attention. *NeuroImage, 14,* 640.

Schwartz, D. P., Barth, J. T., Dane, J. R., Drenan, S. E., DeGood, D. E. & Rowlingson, J. C. (1987). Cognitive deficits in chronic pain patients with and without history of head/neck injury: Development of a brief screening battery. *Clinical Journal of Pain, 3,* 94–101.

Sergent, J. (1982). The cerebral balance of power: Confrontation or cooperation? *Journal of Experimental Psychology: Human Perception and Performance, 8,* 253–272.

Shallice, T. (1982). Specific impairments of planning. *Philosophical Transactions of the Royal Society London, B, 298,* 199–209.

Shankweiler, D. P. (1959). Effects of success and failure instructions on reaction time in patients with brain damage. *Journal of comparative and physiological Psychology, 52,* 546–549.

Shiffrin, R. M. & Schneider, W. (1977). Controlled and automatic human information processing. II. Perceptual learning, automatic attending and general theory. *Psychological Revue, 84,* 127–190.

Sivak, M., Hill, C. & Olson, P. (1984). Computerized video tasks as training techniques for driving related perceptual deficits in persons with brain damage: a pilot evaluation. *International Journal of Rehabilitation Research, 7,* 389–398.

Sohlberg, M. M., Johnson, L., Paule, L., Raskin, S. A. & Mateer, C. A. (1994). Attention process training II. A program to address attentional deficits for persons with mild cognitive dysfunction. Puyallup WA: Association for Neuropsychological Research & Development.

Sohlberg, M. M. & Mateer C. A. (1987). Effectiveness of an attention-training program. *Journal of Clinical and Experimental Neuropsychology, 9,* 117–130.

Sohlberg, M. M., McLaughlin, K. A., Pavese, A., Heidrich, A., Posner, M. I. (2000). Evaluation of attention process training and brain injury education in persons with acquired brain injury. *Journal of Clinical and Experimental Neuropsychology, 22,* 656–76.

Spreen, O. & Strauss E. (1998). *A compendium of neuropsychological tests.* Oxford: Oxford University Press.

Sprengelmeyer, R., Lange, H. & Hömberg, V. (1995). The pattern of attentional deficits in Huntington's disease. *Brain, 118,* 145–152.

Sturm, W. (1996). Evaluation in therapeutical contexts: Attentional and neglect disorders. *European Review of Applied Psychology, 46,* 207–215.

Sturm, W. (2000). Aufgaben und Strategien neuropsychologischer Diagnostik. In W. Sturm, M. Herrmann & C.-W. Wallesch (Hrsg.), *Lehrbuch der Klinischen Neuropsychologie* (S. 265–276). Lisse: Swets & Zeitlinger.

Sturm, W. (2002). Aufmerksamkeitsstörungen. In W. Hartje & K. Poeck (Eds.), *Klinische Neuropsychologie* (pp. 372–392). Stuttgart: Thieme.

Sturm, W. & Büssing, A. (1982). Zum Einfluß motivierender Testinstruktionen auf die Reaktionsleistung hirngeschädigter Patienten. *Nervenarzt, 53,* 395–400.

Sturm, W. & Büssing, A. (1986): Einfluß der Aufgabenkomplexität auf hirnorganische Reaktionsbeeinträchtigungen – Hirnschädigungs- oder Patienteneffekt? *European Archives of Psychiatry and Neurological Sciences, 235,* 214–220.

Sturm, W., Dahmen, W., Hartje, W. & Willmes, K. (1983). Ergebnisse eines Trainingsprogramms zur Verbesserung der visuellen Auffassungsschnelligkeit und Konzentrationsfähigkeit bei Hirngeschädigten. *Archiv für Psychiatrie und Nervenkrankheiten, 233,* 9–22.

Sturm, W., De Simone, A., Krause, B., Specht, K., Hesselmann, V., Radermacher, I., Herzog, H., Tellmann, L., Müller-Gärtner, H.-W. & Willmes, K. (1999). Functional Anatomy of Intrinsic Alertness: Evidence for a fronto-parietal-thalamic-brainstem network in the right hemisphere. *Neuropsychologia, 37, 797–805.*

Sturm, W., Fimm, B., Zimmermann, P., Deloche, G. & Leclercq, M. (2003). Specific computerized attention training in stroke and traumatic brain injured patients. *Zeitschrift für Neuropsychologie, 14,* 283–292.

Sturm, W. Hartje, W., Orgass, B. & Willmes, K. (1993). Computer-Assisted rehabilitation of attention impairments. In F. J. Stachowiak (Ed.), *Developments in the assessment and rehabilitation of brain-damaged patients.* (pp. 17–20). Tübingen: G. Narr.

Sturm, W., Hartje, W., Orgaß, B. & Willmes, K. (1994). Effektivität eines computergestützten Trainings von vier Aufmerksamkeitsfunktionen. *Zeitschrift für Neuropsychologie, 5,* 15–28.

Sturm, W., Longoni, F., Weis, S., Specht, K., Herzog, H., Vohn, R., Thimm, M. & Willmes, K. (2003). Functional reorganisation in patients with right-hemisphere stroke after training of alertness: A longitudinal PET and fMRI study in eight cases. *Neuropsychologia, 42,* 434–450.

Sturm, W. & Poeck, K. (2002). Spätfolgen nach minimaler traumatischer Hirnschädigung und nach HWS-Distorsion. In W. Hartje & K. Poeck (Hrsg.), *Klinische Neuropsychologie* (S. 443–449). Stuttgart: Thieme.

Sturm, W., Reul, J. & Willmes, K. (1989). Is there a generalized right hemisphere dominance for mediating cerebral activation? Evidence from a choice reaction experiment with lateralized simple warning stimuli. *Neuropsychologia, 27,* 747–751.

Sturm, W. & Willmes K. (1991). Efficacy of a reaction training on various attentional and cognitive functions in stroke patients. *Neuropsychological Rehabilitation, 1,* 259–280.

Sturm, W. & Willmes, K. (2001). On the functional neuroanatomy of intrinsic and phasic alertness. *NeuroImage, 14,* 76–84.

Sturm, W., Willmes, K., Orgass, B. & Hartje W. (1997). Do specific attention deficits need specific training? *Neuropsychological Rehabilitation, 6,* 81–103.

Stuss, D. T. & Benson, D. F. (1984). Neuropsychological studies of the frontal lobes. *Psychological Bulletin, 95,* 3–28.

Stuss, D. T. & Benson, D. F. (1986). *The Frontal Lobes.* New York: Raven Press.

Sünter, S. (2002). Neuroanatomie der selektiven Aufmerksamkeit und Alertness. Eine PET-Scan Studie an gesunden Probanden. Aachen: Unveröff. Med. Diss.

Tartaglione, A., Bino, G., Manzino, M., Spadavecchia, L. & Favale, E. (1986). Simple reaction time changes in patients with unilateral brain damage. *Neuropsychologia, 24,* 649–658.

Treisman, A. M. (1964). Verbal cues, language and meaning in selective attention. *American Journal of Psychology, 77,* 206–219.

Treisman, A. M. (1969). Strategies and models of selective attention. *Psychological Review, 76,* 282–299.

Treisman, A. M. (1987). Merkmale und Gegenstände in der visuellen Verarbeitung. *Spektrum der Wissenschaft, 1,* 72–82.

Treisman, A. M. & Gelade, G. (1980). A feature integration theory of attention. *Cognitive Psychology, 12,* 97–136.

Unterharnscheidt, F. (1975). Injuries due to boxing and other sports. In P. I. Vinken & G. W. Bruyn (Eds.), *Handbook of clinical neurology,* Vol. 23 (pp. 527–593). Amsterdam: North-Holland & Wiley.

Van Wolffelaar, P., Brouwer, W. H. & van Zomeren, A. H. (1990). Driving ability 5 to 10 years after severe head injury. In T. Benjamin (Ed.), *Driving behaviour in a social context* (pp. 564–574). Caen: Paradigme.

Van Wolffelaar, P., van Zomeren, A. H., Brouwer, W. H. & Rothengatter, T. (1988). Assessment of fitness to drive of brain-damaged persons. In J. A. Rothengatter & R. A. de Bruin (Eds.), *Road user behaviour: Theory and research* (pp. 296–301). Assen: Van Gorcum.

Van Zomeren, A. H. (1981). *Reaction time and attention after closed head Injury*. Rijksuniversiteit Groningen: Dissertation.

Van Zomeren, A. H. & Brouwer, W. H. (1994). *Clinical neuropsychology of attention*. New York: Oxford Univ. Press.

Van Zomeren, A. H. & Deelman, B. G. (1978). Long-term recovery of visual reaction time after closed head injury. *Journal of Neurology, Neurosurgery and Psychiatry, 41*, 452–457.

Van Zomeren, A. H. & van den Burg, W. (1985). Residual complaints of patients two years after severe head injury. *Journal of Neurology, Neurosurgery and Psychiatry, 48*, 21–28.

Weiller, C. (2000). Bildgebende Verfahren – Aktivierungsstudien mit PET und fMRT. In W. Sturm, M. Herrmann & C.-W. Wallesch (Hrsg.), *Lehrbuch der Klinischen Neuropsychologie* (S. 204–218). Lisse: Swets & Zeitlinger.

Westhoff, K. (1989). Übungsabhängigkeit von Leistungen in Konzentrationstests. *Diagnostica, 35*, 122–130.

Westhoff, K. & Dewald, D. (1990). Effekte der Übung in der Bearbeitung von Konzentrationstests. *Diagnostica, 36*, 1–15.

Wickens, C. D. (1984). Processing resources in attention. In R. Parasuraman & D. R. Davies (Eds.), *Varieties of attention* (pp. 63–102). New York: Academic Press.

Willmes, K. (1990). Statistical methods for a single-case study approach to aphasia therapy research. *Aphasiology, 4*, 415–436.

Wilson, B. A., Alderman, N., Burgess, P., Emslie, H. & Evans, J. (1996*). Behavioral assessment of the dysexecutive syndrome*. Bury St. Edmunds: Thames Valley Test Company (deutsche Version über Swets Test Services, Frankfurt).

Wilson, B. A., Cockburn, J. & Halligan, P. (1987). *Behavioral Inattention Test*. Titchfield: Thames Valley Test Corporation.

Wood, R. L. (1986). Rehabilitation of patients with disorders of attention. *Journal of Head Trauma Rehabilitation, 1*, 43–53.

Wood, R. L. & Fussey, I. (1987). Computer assisted cognitive retraining: A controlled study. *International Disability Studies, 9*, 149–153.

Yagüez, L., Keidel, M., Wilhelm, H. & Diener, H. C. (1992). Nachweis neuropsychologischer Defizite nach HWS-Schleudertrauma: Relevanz für die Rehabilitation. In K.-H. Mauritz & V. Hömberg (Hrsg.), *Neurologische Rehabilitation 2* (S. 54–60). Bern: Huber.

Yarnell, P. R. & Rossie, G. V. (1988). Minor whiplash head injury with major debilitation. *Brain Injury, 2*, 255–58.

Zimmermann, P. & Fimm, B. (2002). *Testbatterie zur Aufmerksamkeitsprüfung (TAP)*. Herzogenrath: Psytest.

Zimmermann, P., Messner, C., Poser, U. & Sedelmeier, P. (1991). *Ein Fragebogen erlebter Defizite der Aufmerksamkeit (FEDA)*. Universität Freiburg: Unveröffentlichtes Manuskript.

Zoccolotti, P., Matano, A., Deloche, G., Cantagallo, A. Passadori, A., Leclercq, M., Braga, L., Cremel, N., Pittau, P., Renom, M., Rousseaux, M., Truche, A., Fimm, B. & Zimmermann, P. (2000). Pattern of attentional impairment following closed head injury: A collaborative European study. *Cortex, 36*, 93–107.

10   Anhang

Dokumentation von Herstellern, Geräten, Software, Tests, Fragebögen
(in alphabetischer Reihenfolge, alle Angaben ohne Gewähr)

AIXTENT Aufmerksamkeitstraining
Phoenix Software GmbH
Adolf-Hombitzer-Str. 12,
53227 Bonn,
Tel. 00 49 22 89 71 99-0,
Fax 00 49 22 89 71 99-99,
MS-Dos-Version, Info: email info@phoenixsoftware.de,
http://www.phnxsoft.com (Völlig neu gestaltete Windows-Version in Vorbereitung, Info: sturm@neuropsych.rwth-aachen.de)

Apparatezentrum
Rohnsweg 25
37085 Göttingen
Tel. 05 51/4 96 09-0/-37/-38/-41
Fax 05 51/4 96 09-88
email apparatezentrum@hogrefe.de
www.apparatezentrum.de

Attention Process Training APT
Lash and Associates Publishing/Training
708 Young Forest Drive,
Wake Forest,
NC 27587–9040,
Phone/Fax 0 01 91 95 62-00 15,
email information@lapublishing.com,
www.lapublishing.com

COGPACK Trainingsprogramme
marker software,
Im Steg 9,
68526 Ladenburg
email marker@markersoftware.com,
www.markersoftware.com

KURATORIUM ZNS e. V.
Rochusstraße 24,
53123 Bonn,
Tel. 02 28/9 78 45-0,
Fax 02 28/9 78 45-55,
email info@kuratorium-zns.de,
www.kuratorium-zns.de

ORM Training: The Rusk Institute of Rehabilitation Medicine,
Kontakt: Ellen Daniels-Zide,
Ed. D. Clinical Assistant Professor of Rehabilitation Medicine,
New York University School of Medicine Assistant Director,
Brain Injury Day Treatment.
Email: ellen.daniels-zide@med.nyu.edu

Rehacom Trainingsprogramme
Dr. G. Schuhfried Ges.m.b.H.,
Hyrtlstr. 45,
A–2340 Mödling,
Tel. 00 43 22 36/4 23 15-0,
Fax 00 43 22 36/4 65 97,
email info@schuhfried.co.at,
www.schuhfried.co.at

Swets Test Services
Mainzer Landstr. 625–629,
65933 Frankfurt am Main,
Tel. 0 69/63 39 88-0,
Fax 0 69/63 39 88-77,
email info@swetstest.de,
www.swetstest.de

TAP Testbatterie zur Aufmerksamkeitsprüfung
Vera Fimm, Psychologische Testsysteme,
In den Heimgärten 27,
52134 Herzogenrath.
Tel. 0 24 07/91 89 80,
Fax 0 24 07/91 71 53,
email fimm.psytest@t-online.de,
www.psytest-fimm.com

Testzentrale Göttingen
Robert-Bosch-Breite 25,
37027 Göttingen,
Tel. 05 51/5 06 88-0/-14/-15/-60,
Fax 05 51/5 06 88-24,
email testzentrale@hogrefe.de,
www.testzentrale.de

Wiener Testsystem
Dr. G. Schuhfried Ges.m.b.H.
Hyrtlstr. 45,
A–2340 Mödling,
Tel. 00 43 22 36/4 23 15–0,
Fax 00 43 22 36/4 65 97,
email info@ schuhfried.co.at,
www.schuhfried.co.at

FEDA Fragebogen erlebter Defizite der Aufmerksamkeit (nach Zimmermann et al. 1991). Das weiß gelassene Feld hinter jeder Frage gibt den zur Frage gehörenden Aufmerksamkeitsbereich an (AV = Ablenkbarkeit und Verlangsamung bei geistigen Prozessen, EV = Ermüdung und Verlangsamung bei praktischen Tätigkeiten; AN = Antrieb) und dient zum Eintragen des Skalenwerts. Die Werte jedes Bereichs werden dann spaltenweise summiert und in das am Ende jeder Seite aufgeführte entsprechende Kästchen unter jeder Spalte eingetragen. Die Endsumme je Aufmerksamkeitsbereich kann anhand der unten aufgeführten Vergleichstabellen für Gesunde und Patienten interpretiert werden. Je höher die Prozentrangwerte, umso geringer die erlebten Defizite.

FEDA

Fragebogen

Name: _____

Geburtsdatum: _____ Geschlecht: ☐ männlich ☐ weiblich

Bitte lesen Sie sich die nachfolgenden Aussagen sorgfältig durch und kreuzen Sie daneben die zutreffende Einschätzung von „sehr häufig" bis „nie" an.

	sehr häufig	häufig	manchmal	selten	nie	Nur vom Therapeuten auszufüllen:		
						AV	EV	AM
1. Es fällt mir schwer, bei Filmen oder anderen Sendungen im Fernsehen die Zusammenhänge zu verstehen.	1	2	3	4	5			
2. Es fällt mir auf, dass ich für alltägliche Verrichtungen wie Waschen und Anziehen sehr viel Zeit brauche.	1	2	3	4	5			
3. Es kommt vor, dass mich nicht einmal meine Hobbys interessieren.	1	2	3	4	5			
4. Es fällt mir schwer, mich zu konzentrieren, wenn um mich herum zuviel los ist.	1	2	3	4	5			
5. Bei Gesprächen mit Bekannten bekomme ich nicht alles mit, weil diese so schnell sprechen.	1	2	3	4	5			
6. Auch Dinge, die mir Freude machen, lasse ich einfach bleiben.	1	2	3	4	5			
7. Es kommt vor, dass ich plötzlich nicht mehr weiß, was ich gerade tun wollte.	1	2	3	4	5			
8. Alltäglichkeiten wie Kochen, Waschen, Haarewaschen oder Ähnliches strengen mich sehr an.	1	2	3	4	5			
					Σ			

| | sehr häufig | häufig | manchmal | selten | nie | | Nur vom Therapeuten auszufüllen: | | |

9. Mir fehlt die Energie, selbst Aufgaben zu erledigen, die ich unbedingt tun muss.

1 2 3 4 5

AV	EV	AM

10. Ich brauche doppelt so viel Zeit wie andere, um eine Arbeit zu erledigen.

1 2 3 4 5

AV	EV	AM

11. Es fällt mir schwer, meine Gedanken beisammen zu halten.

1 2 3 4 5

AV	EV	AM

12. Auch Dinge, die ich in meiner Freizeit gerne tue, strengen mich sehr an.

1 2 3 4 5

AV	EV	AM

13. Wenn ich die Zeitung oder ein Buch lese, geschieht es, dass ich gar nicht merke, was ich lese.

1 2 3 4 5

AV	EV	AM

14. Es fällt mir schwer, mit Arbeiten rechtzeitig fertig zu werden.

1 2 3 4 5

AV	EV	AM

15. Schon ein Geräusch kann mich beim Lesen so stören, dass ich den Faden verliere.

1 2 3 4 5

AV	EV	AM

16. Selbst leichte Arbeiten muss ich unterbrechen, um mich auszuruhen.

1 2 3 4 5

AV	EV	AM

17. Im Straßenverkehr fühle ich mich überfordert, weil alles so schnell geht.

1 2 3 4 5

AV	EV	AM

18. Ich brauche ziemlich lange, bis ich einen Artikel in der Zeitung gelesen und verstanden habe

1 2 3 4 5

AV	EV	AM

19. Ich kann mich zu nichts aufraffen, obwohl sehr viel zu tun wäre.

1 2 3 4 5

AV	EV	AM

20. Beim Ausfüllen von Formularen – z. B. einer Überweisung – muss ich lange überlegen.

1 2 3 4 5

AV	EV	AM

21. Meine Familie oder meine Bekannten beklagen sich, dass ich zerstreut sei.

1 2 3 4 5

AV	EV	AM

22. Ich habe das Gefühl, dass mich alltägliche Arbeiten sehr anstrengen.

1 2 3 4 5

AV	EV	AM

23. Ich habe zu nichts Lust.

1 2 3 4 5

AV	EV	AM

| Σ | | | |

	sehr häufig	häufig	manchmal	selten	nie

24. Es kommt vor, dass ich ganze Absätze zweimal lesen muss, um sie zu verstehen.

    1 2 3 4 5

AV	EV	AM

25. Ich verliere den Gesprächsfaden, wenn um mich herum zu viele andere Dinge passieren.

    1 2 3 4 5

AV	EV	AM

26. Ich habe große Schwierigkeiten, in meiner Freizeit etwas mit mir anzufangen.

    1 2 3 4 5

AV	EV	AM

27. Es macht mir Mühe, beim Lesen lange Sätze zu verstehen.

    1 2 3 4 5

AV	EV	AM

Σ			

Haben Sie vielen Dank für Ihre Mitarbeit!

Σ AV	PR

Σ EV	PR

Σ AM	PR

Verteilungswerte der Skala „Ablenkbarkeit und Verlangsamung bei geistigen Prozessen"
bei Patienten (N=169) und gesunden Kontrollen (N=150).

Skalenwert	Patienten			Kontrollen		
	Frequenz	Prozent	Cum. Prozent	Frequenz	Prozent	Cum. Prozent
13–15	2	1.2	1.2	0	.0	.0
16–20	2	1.2	2.4	0	.0	.0
21–25	7	4.1	6.5	0	.0	.0
26–30	9	5.3	11.8	2	1.3	1.3
31–35	20	11.8	23.7	1	.7	2.0
36–40	17	10.1	33.7	8	5.3	7.3
41–45	26	15.4	49.1	12	8.0	15.3
46–50	20	11.8	60.9	35	23.3	38.7
51–55	27	16.0	76.9	45	30.0	68.7
56–60	27	16.0	92.9	35	23.3	92.0
61–65	12	7.1	100.0	12	8.0	100.0
Gesamt	169	100.0	100.0	150	100.0	100.0
Median			46.000			52.000
Mittelwert			44.953			51.660
Standardabweichung			11.933			7.008
Minimum			14.000			26.000
Maximum			65.000			65.000

Verteilungswerte der Skala „Ermüdung und Verlangsamung bei praktischen Tätigkeiten"
bei Patienten (N=169) und gesunden Kontrollen (N=150).

Skalenwert	Patienten			Kontrollen		
	Frequenz	Prozent	Cum. Prozent	Frequenz	Prozent	Cum. Prozent
8–11	0	0.0	0.0	0	0.0	0.0
12–15	3	1.8	1.8	0	0.0	0.0
16–19	11	6.5	8.3	0	0.0	0.0
20–23	19	11.2	19.5	5	3.3	3.3
24–27	29	17.2	36.7	3	2.0	5.3
28–31	29	17.2	53.8	29	19.3	14.7
32–35	36	21.3	75.1	45	30.0	54.7
36–40	42	24.9	100.0	68	45.3	100.0
Gesamt	169	100.0	100.0	150	100.0	100.0
Median			31.000			35.000
Mittelwert			29.669			34.440
Standardabweichung			6.744			4.275
Minimum			13.000			22.000
Maximum			40.000			40.000

Verteilungswerte der Skala „Antrieb" bei Patienten (N=169) und gesunden Kontrollen (N=150).

Skalenwert	Patienten			Kontrollen		
	Frequenz	Prozent	Cum. Prozent	Frequenz	Prozent	Cum. Prozent
6– 8	2	1.2	1.2	0	.0	.0
9–11	4	2.4	2.4	0	.0	.0
12–14	10	5.9	9.5	2	1.3	1.3
15–17	16	9.5	18.9	7	4.7	6.0
18–20	24	14.2	33.1	11	7.3	13.3
21–23	37	21.9	55.0	39	26.0	39.3
24–26	37	21.9	76.9	51	34.0	73.3
27–30	39	23.1	100.0	40	26.7	100.0
Gesamt	169	100.0	100.0	150	100.0	100.0
Median		23.000			24.000	
Mittelwert		22.260			24.027	
Standardabweichung		5.207			3.603	
Minimum		8.000			13.000	
Maximum		30.000			30.000